Das Buch

«Wir hatten eine Tochter ...» – «Außer der Trauer konnten wir nicht auch noch die Lüge ertragen.» – «Was soll ich den Kindern erzählen?» – Stimmen von Zurückbleibenden nach einem Suizid von Sohn, Tochter, Ehepartner, geliebtem Freund oder Elternteil; ein Verlust, der bedeutet, daß jemand mit Schuldgefühlen, Trauer, Wut und all den unbeantworteten Fragen weiterleben muß. Solveig Böhle hat mit Angehörigen gesprochen, die die Mauer des Schweigens um sich herum durchbrachen, und gibt einigen der sonst namenlosen Statistik-«Fällen» Gesichter und Stimmen: Sie machen Mut, Wege zu sehen, den Selbstmord eines geliebten Menschen vielleicht eines Tages doch zu begreifen und zu verkraften.

Die Autorin

Solveig Böhle ist Journalistin und langjährige Redakteurin beim Norwegischen Rundfunk, wo sie sich mit Sozialreportagen und Interviewsendungen zu gesellschaftlich tabuisierten Themen einen Namen machte. Ihre Sendereihe «Jemand bleibt zurück» bildet die Grundlage zu diesem Buch.

Solveig Böhle:
Damit die Trauer Worte findet
Gespräche mit Zurückbleibenden nach
einem Suizid

Aus dem Norwegischen von
Kerstin Hartmann-Butt

Deutscher
Taschenbuch
Verlag

Ungekürzte Ausgabe
Februar 1996
Deutscher Taschenbuch Verlag GmbH & Co. KG,
München
© 1988 Ex Libris Forlag A/S, Oslo
Titel der norwegischen Originalausgabe:
Noen blir tilbake
© der deutschsprachigen Ausgabe:
1992 Scherz Verlag, Bern und München
ISBN 3-502-15050-8
Einzig berechtigte Übersetzung aus dem Norwegischen von
Kerstin Hartmann-Butt
Umschlaggestaltung: Boris Sokolow
Umschlagfoto Rückseite: Tore Halden
Gesamtherstellung: C. H. Beck'sche Buchdruckerei,
Nördlingen
Printed in Germany · ISBN 3-423-35105-5

Inhalt

Der Anfang – wann war das?

Vielleicht war es an jenem Frühlingsmorgen, als ich von einem Hilferuf geweckt wurde. Ein Mensch, der mir nahestand, hatte versucht, sich das Leben zu nehmen. Wir fanden ihn in der Garage.

Der Suizidversuch* meines Vaters mißlang, und wir lebten alle weiter, ohne die Fragen zu stellen und die Wut zu zeigen, von der ich heute weiß, daß sie danach immer da sind. *Warum?* Warum hast du das getan? Hast du nicht an uns gedacht, die wir zurückbleiben? Und hätten wir dir helfen können? Warum bist du nicht zu uns gekommen, als es zuviel wurde, oder war viel-

---

* Im Wort Selbstmord ist eine Wertung enthalten, die wir vermeiden möchten. Wir benutzen im folgenden deshalb zumeist den Begriff Suizid.

leicht das Schweigen die Triebkraft hinter deiner Tat?

Wenn ich heute, mehr als dreißig Jahre später, darüber schreibe, stellen sich mir immer neue Fragen. Warum haben wir nicht offen darüber gesprochen, auch mit meinem Vater? Hatten wir Angst, von einer Wirklichkeit zu hören, die wir nicht ändern konnten, oder war es das Gefühl der Hilflosigkeit, das die Angehörigen erfaßt, wenn jemand sich das Leben nehmen will?

Für mich als Fünfzehnjährige war der Suizidversuch meines Vaters der erste Schritt zu der Erkenntnis, daß es Situationen gibt, in denen die Familie nicht mehr helfen kann. Heute weiß ich, daß diese Erkenntnis auch Trost und Entlastung in sich birgt. Denn vielleicht geht es nicht darum, der Angst und der bodenlosen Verzweiflung eines Menschen zu begegnen, sondern auch darum, die Entscheidungen und die Verantwortung des einzelnen für sein eigenes Leben und sein Handeln zu akzeptieren.

Für mich ist es schon seit langem zu spät, meinem Vater Fragen zu stellen. Aber sie tauchten wieder auf, als ich 1984 fürs Radio die mehrteilige Sendung «Wenn ein Mensch sich das Leben nimmt» vorbereitete, in der ich die Situation der Angehörigen behandeln wollte.

«Warum beschäftigst du dich gerade mit Suizid?» fragte mich ein Psychiater. Ich verwies auf die Statistiken, auf die steigenden Suizidraten und darauf, daß dies ein journalistisch vernachlässigtes Thema sei. Aber prüfende Augen zwangen mich, diese Begründung zu hinterfragen, und mir wurde klar, daß die ehrliche Antwort in dem lag, was damals, vor mehr als dreißig Jahren geschah.

Viele Menschen kommen mit Suizid in Berührung, durch einen Ehepartner, ein Kind, eine Mutter oder einen Vater, einen geliebten Partner, ein Geschwister oder einen Freund, und sie tragen es für immer mit sich herum. Dieses Buch richtet sich an die Zurückbleibenden, denn jedes Mal, wenn sich ein Mensch das Leben nimmt, bleibt jemand mit Schuldgefühlen, Vorwürfen, Trauer, Wut und all den unbeantworteten Fragen zurück.

Viele Menschen wissen, daß die Kombination von Schuld und Trauer nur schwer zu ertragen ist. Trotzdem ist bislang für die Angehörigen nach einem Suizid sehr wenig getan worden. Eine Erklärung dafür findet sich in den Tabus und der Scham, die oft mit einer solchen Tat verbunden sind und derentwegen viele Hinterbliebene verschweigen, was geschehen ist.

«Es ist falsch, nicht offen darüber zu sprechen, daß Menschen sich selbst das Leben nehmen; sonst wird es so rätselhaft und bedrohlich. Wenn man darüber spricht, ist es ein Teil des Lebens, des menschlichen Lebens. Es geschieht ja.»

Das sagte eine Mutter, nachdem ihre siebzehnjährige Tochter sich das Leben genommen hatte. Die Mutter ist eine von den Betroffenen, die in diesem Buch berichten, wie sie es schafften, das Geschehene zu verarbeiten und zu akzeptieren, so daß sie weiterleben konnten, danach.

Wir wissen, daß im Kielwasser tragischer Ereignisse neue auftreten können, wenn Tabu, Scham, Verdrängung und erstarrende Trauer Wurzeln schlagen. Und es kann guttun, über die Toten zu sprechen, denn es ist oft schwer zu trauern, ohne zu sprechen. Ein Vater, der seinen erwachsenen Sohn verloren hatte, sagte:

«Wenn die Trauer nicht in Worte gefaßt wird, friert sie fest.»

Als ich an den Radioprogrammen über Angehörige nach einem Suizid arbeitete, traf ich Menschen, die von ihren Erfahrungen erzählen wollten, weil sie glauben, daß Offenheit vorbeugen kann. Sie zeigten ein Vertrauen und eine Stärke, die Menschen einander näherbringt. Alle, mit denen ich sprach, sagten: «Vielleicht kann es anderen helfen, daß ich von meinen Erfahrungen und Gefühlen berichte.»

Kann die Offenheit der Zurückbleibenden auch ein Gegengewicht dazu schaffen, daß Selbsttötung oft auf so sensationelle Weise behandelt wird? Ich glaube und hoffe es, denn alle, die die Wirklichkeit kennen, wissen, daß Sensationen uns von dem entfernen, was wir zu verstehen versuchen, und oft Vorurteile schaffen und sehr zur Bildung von Mythen beitragen.

Ich wollte über Menschen schreiben, die zurückgeblieben sind, nachdem sich ihnen Nahestehende das Leben genommen haben. Nicht darüber, warum sich Menschen das Leben nehmen. Aber in den Geschichten der Zurückbleibenden werden sich immer Erklärungen finden für das Warum, weil das dazugehört zu dem Versuch, die Entscheidung des Toten zu verstehen.

Aus der Suizidforschung wissen wir, daß gewisse Menschen gefährdeter sind als andere. Wir sollten heute genügend informiert sein, um besser vorbeugen zu können. Dies gilt für Gefängnisinsassen, Flüchtlinge, Einsame, Kranke. Aber es wird immer auch Menschen geben, die nicht zu einer dieser Gruppen gehören, und einige der Hinterbliebenen in diesem Buch erzählen davon.

An alle, denen ich in Verbindung mit diesem

Buch begegnet bin, ein Dank für das Vertrauen und den Mut, den sie durch ihr Reden gezeigt haben, und ein Dank dafür, daß sie mir erlaubten, Teile der Gespräche hier zu verwenden.

Ein Schleier legt sich auf die tiefste Trauer

Vielen von uns geht es wohl so, daß sie sich nach einem wichtigen Gespräch noch lange an Fragen oder Aussagen erinnern können. Mit unserem inneren Ohr können wir die Stimme und die Worte zurückholen, und wir sehen den Gesprächspartner wieder vor uns.

Ich habe lange das Bild eines bestimmten Elternpaares mit mir herumgetragen und mich an vieles aus unserem Gespräch genau erinnert. Sie hatten mir von ihren Gefühlen erzählt, und diese bieten anderen Eltern, die ein Kind durch Suizid verloren haben, eine wertvolle Möglichkeit zur Identifizierung. Es war der Vater, der sagte:

«Es legt sich ein Schleier über die tiefste Trauer.»

Während die Mutter mehrfach wiederholte:

«Aber sie kommt immer wieder zurück. Warum?»

Die Art, wie sie die Worte aussprach, machte deutlich, daß sie sich diese Frage oft gestellt hatte, ohne eine Antwort zu finden, die ihr half. Und daß der Mann derjenige von beiden war, der immer wieder tröstete.

Vor zweieinhalb Jahren hatten sie einen ihrer Söhne verloren. Der neunzehnjährige Junge war vom Dach eines Hochhauses gesprungen. Hinterher fanden sie den Zettel, den er geschrieben hatte: «Versucht zu verstehen.» Nur diese drei Worte.

Als ich das erste Mal mit den Eltern sprach, berichteten sie von ihren Erfahrungen mit den Hilfseinrichtungen für Zurückbleibende. Sie suchten ärztliche Hilfe, denn beide erlebten, was vor ihnen so viele andere erlebt hatten:

«Wir waren beide so in unserer Trauer gefangen in diesen ersten Wochen, daß wir nicht imstande waren, einander zu helfen.»

Auf eigenen Wunsch wurde die Frau in eine psychiatrische Klinik eingewiesen. Aber schon nach einer Woche bat sie darum, wieder entlassen zu werden, weil sie nicht die Hilfe bekam, die sie erhofft hatte.

«Ich war die ganze Zeit mit Patienten zusammen, die schwere Psychosen hatten. Ich war krank von der Trauer und dem Schock nach dem Suizid meines Sohnes. Ich brauchte jemanden, mit dem ich reden konnte. Im Laufe der Tage, die ich dort war, hatte ich nur ein einziges Gespräch mit einem Psychologen.»

Als sie wieder zu Hause war, hatte sie es, wenn das möglich ist, noch schwerer als zum Zeitpunkt der Einweisung.

Es sollte recht viel Zeit vergehen, bis ich wieder mit diesen Eltern sprach. Ich rief sie schließlich an, um zu fragen, ob sie mir ein Interview geben würden über die Zeit vor und nach dem Suizid ihres Sohnes.

Der Vater kam ans Telefon und sagte:

«Ich weiß nicht, ob meine Frau es fertigbringt, jetzt darüber zu reden. Es tut ihr oft sehr weh, wieder daran zu rühren. Vielleicht tut es gerade jetzt mehr weh als gut.»

Aber an dem Nachmittag, als wir uns treffen sollten, kamen sie trotzdem beide, und ich war froh darüber. Es gab wenige Väter, die bereit waren, in meinen Interviews auszusagen, und diese beiden Menschen ergänzten einander auf eine mitfühlende und vertraute Weise. Mir wurde bald klar, daß ich als dritte an einem Gespräch teilhatte, in dem sie Gedanken und Fragen mit mir teilten, die sie unter sich schon oft durchgesprochen hatten. Sie sagte:

«Ich habe viele Male erfahren, daß es furchtbar ist, die Mutter eines Menschen zu sein, der sich das Leben genommen hat. Es kommt vor, wenn mich Leute fragen, woran er gestorben ist, daß ich sage, es war ein Unfall. Wenn es Leute sind, die ich nicht so gut kenne, dann bringe ich es nicht fertig, die Wahrheit zu erzählen. Aber bei Leuten, die ich kenne, sage ich, wie es war: ‹Er mochte nicht mehr leben.› Aber es gehört Mut dazu, die Wahrheit zu sagen. Es ist jedesmal, wenn jemand fragt, verführerisch, zu der Notlüge vom Unfall zu greifen.»

Wir hatten lange miteinander geredet, als sie das sagte, und es war eine Reaktion auf die Ausführungen ihres Mannes, wie lange die Zurückbleibenden brauchen, um diese tragische Erfahrung zu verarbeiten.

«Es ist wichtig, daß man darüber reden kann. Es bedrängt einen so, und man möchte die ganze Zeit von nichts anderem sprechen. Noch lange Zeit danach. So war es jedenfalls für uns. Vielleicht glaubt die Umgebung, daß man nicht darüber reden möchte, aber es dauert so viel länger, als man selbst und andere denken. Das ist unsere Erfahrung.»

«Ist es für einen Vater leichter?» Meine Frage

mußte so direkt kommen, aber gleichzeitig hörte ich meine eigene stumme Gegenfrage: «Eine so aufdringliche Frage. Wird er darauf eingehen?»

Die Antwort kam zögernd, aber wohlüberlegt, und mir wurde klar, daß sie nach dem Tod des Sohnes auch darüber gesprochen hatten.

«Ich glaube, daß es für einen Vater leichter ist. Vielleicht weil es die Mutter ist, die das Kind ausgetragen und geboren hat. Ich weiß es nicht genau, denn ich habe auch gelernt, daß die Reaktionen der Umwelt einen Einfluß darauf haben, wie man so etwas verarbeitet.»

Gemeinsam beschrieben sie in knappen Worten, wie sie ihren Sohn während seiner Kindheit und Jugend erlebt hatten. Er war ein aktiver Junge, trieb viel Sport und hielt sich gern in der freien Natur auf. Als er dann zum Gymnasium wechseln sollte, erlitt er einen Zusammenbruch. Für die Eltern kam das unerwartet. Der Vater sagte:

«Vielleicht hatte er sein Aussehen gegen sich. Er war robust und sah kräftig aus, aber hinter der Fassade war er ein zarter Charakter, der es nicht immer schaffte, mit seiner Umgebung fertig zu werden. Es traf uns wie ein Schock damals, als er krank wurde. Er wirkte so ruhig und besonnen und war der letzte, von dem wir geglaubt hätten, daß er psychische Probleme bekommen könnte.»

Der Junge kam zur Behandlung in eine jugend-psychiatrische Klinik. Dort erklärte man den Eltern, einer der Gründe für die Krankheit des Jungen könnte die Belastung und Unsicherheit sein, die viele erleben, wenn sie sich in einer fremden Umgebung zurechtfinden müssen. Dies könnte krankheitsauslösend gewirkt haben. Die Eltern erlebten die Zeit der Therapie als schwierig und verwirrend.

«Ich fand, uns wurde überhaupt nichts erklärt», sagte der Vater. «Ich selbst war völlig ohne Erfahrung und Einsicht in solche Probleme, die mit der Psyche zu tun haben, und absolut nicht darauf vorbereitet, daß dies in der engsten Familie passieren konnte.»

Die Mutter hatte folgende Erinnerung an die Zeit der Therapie:

«Ich kann mich erinnern, daß ich jedesmal, nachdem wir mit dem Psychologen gesprochen hatten, das Gefühl hatte, in lauter kleine Teile zerlegt zu sein: ‹Wie war deine Kindheit? Wie war die Kindheit des Vaters? Wie war die Kindheit der Kinder?› Ich hatte das Gefühl, in Stücke gerissen und nicht wieder zusammengesetzt zu werden. Und wozu sollte das alles gut sein? Ich kann mich erinnern, daß ich diese Gesprächsstunden immer mit einem Gefühl von Leere und Erschöpfung verließ. Und ich fragte mich immer, ob ich den Psychologen Informationen gegeben hatte, die für sie nützlich waren.»

Aber die Therapie half, und nach einiger Zeit war der Sohn wieder in seinen normalen Alltag zurückgekehrt, mit Schule, Freunden und Sport. Die Eltern hatten auch mit dem Klassenlehrer im Gymnasium gesprochen. Sie meinten, es sei notwendig, daß er über den Zusammenbruch des Jungen Bescheid wisse. Erst nachdem der Sohn sich das Leben genommen hatte, erfuhren sie, daß die Klasse einen neuen Klassenlehrer bekommen hatte, der nicht darüber informiert worden war. Im nachhinein fragen sie sich nun, ob es für den Jungen eine Belastung war, daß seine Lehrer nichts von dem Zusammenbruch wußten, den er ein paar Jahre vorher gehabt hatte.

«Niemand konnte dem Jungen in diesen Jahren etwas anmerken», sagten die Eltern. «Wir hatten nie den Eindruck, daß er einen Rückfall hatte. Es ist ja möglich, daß er einen hatte, es aber schaffte, das vor uns zu verbergen. Und es ist auch möglich, daß er in der letzten Zeit spürte, daß die Angst und die Depressionen ihn wieder überkamen, und daß er den Gedanken daran nicht ertrug, das alles noch einmal durchmachen zu müssen.»

«Ist das für Sie eine mögliche Erklärung gewesen?»

Die Antwort kam schnell. Sie war kurz und einstimmig:

«O ja!»

Später, bei der Begegnung mit anderen Hinterbliebenen, sollte mir oft die Überzeugung begegnen, daß der Gedanke an das Dunkel der Depression und eventuelle schwierige psychiatrische Behandlung die Wahl des Toten beeinflußt hatte.

Für diese Eltern blieben viele Fragen ohne Antwort.

«Es kommt immer wieder», sagte sie. «Warum? Wieder und wieder frage ich mich: Wie war der Tag davor und der davor? Ich bin das so viele Male durchgegangen. Wie war seine Kindheit im Vergleich mit der unserer anderen Kinder? Wir hatten drei Kinder, die natürlich verschieden waren. Was hätten wir anders machen können? Jedesmal, wenn ich anfange, so zu denken, lähmen mich die Schuldgefühle, und ich denke, jetzt mußt du aufhören. Es ist geschehen, und ich kann nicht immer weiter darin wühlen. Ich finde, daß ich es nach und nach immer besser schaffe, eine Grenze zu setzen.»

«Aber Sie haben es geschafft, einander zu stützen. Ich habe mit Eltern gesprochen, bei denen die Schuldgefühle und die Trauer die Familie zerstört haben.»

«Ich glaube, es ist wichtig, offen darüber zu sprechen, daß einen die Trauer oft so gefangenhält, daß man nicht in der Lage ist, einander zu helfen», sagte er. «Es ist für uns beide, die wir einander so nahestehen, schwer gewesen, miteinander zu sprechen und einander zu trösten. Es ist leichter, mit Dritten darüber zu sprechen. Wenn man tief trauert, braucht man jemanden, der einem hilft, wiederaufzustehen. Für uns war es wichtig, jemanden zu finden, der zuhören konnte. Bei denen, die einem am nächsten stehen, kommt es leicht zu Mißverständnissen und Anklagen. Dinge, die in allen Familien geschehen, werden leicht aufgebauscht, und der Partner wird zum Sündenbock.»

«Mit das erste, woran ich dachte, war, warum es keine Vereinigung gibt, die sich um uns Zurückbleibende kümmert. Es war der Pfarrer, der uns in den ersten Tagen am meisten geholfen hat. Er kam und holte uns an unserem Arbeitsplatz ab, als es passiert war. Er brachte uns nach Hause, gab uns einfache, praktische Ratschläge. Er sagte: ‹Ruft die anderen Kinder an und bleibt hier zu Hause. Ich komme morgen wieder.› Damit wußten wir, er würde morgen wiederkommen. Wir waren völlig aus dem Gleichgewicht geraten und wünschten uns, daß jemand kommen und uns die Hand halten würde. Obwohl es jetzt zweieinhalb Jahre her ist, daß unser Junge gestorben ist, ist es manchmal noch, als sei es gestern geschehen, aber ich kann mich heute über lange Zeiträume davon distanzieren. Und wenn die schlimmen Gedanken mich zu sehr bedrängen und sich in meinem Kopf alles dreht, zieh ich mich an und geh raus. Für mich ist das eine Hilfe und Entlastung gewesen. Sich um andere Menschen zu kümmern, Blumen zu sehen und Bäume. Aber ich spüre auch, daß es Kraft kostet, über längere Zeit stark zu sein. In den Zeiten, wo es mir schlechtgeht, spüre ich, daß ich unversehens mit Bitterkeit auf die Umwelt reagiere. Mit der Trauer kommen leicht auch Perioden von Aggression und Bitterkeit. Das ist meine Erfahrung. Ich versuche, es zu unterdrücken, schließe mich in mein Zimmer ein und schlage da gegen die Wand.»

Sie sah abwechselnd mich und ihren Mann an, während sie das sagte, aber dann wandte sie sich direkt an mich:

«Einen Neunzehnjährigen zu verlieren – man glaubt nie, daß das einem selbst passieren kann. Als es uns passierte, bekamen wir eine solche

Angst um die beiden anderen, daß wir kaum wagten, ihnen die Autoschlüssel zu leihen.»

«Und was geht uns verloren dadurch, daß wir ihn nicht weiter heranwachsen sehen?» fiel der Vater in das Gespräch ein. «Auch das sind Gedanken, die uns beschäftigen. Und – wo ist er jetzt?»

«Ist das auch eine Frage?» Ich fragte so leise, daß ich einen Augenblick glaubte, den Gedanken nur gedacht zu haben.

Der Vater antwortete: «Ja, ist er selbst durch irgendwelche Gefühle jetzt auch hier? Auch solche Fragen beschäftigen uns sehr.»

«Ich habe viel darüber nachgedacht, ob wir ihn hätten sehen sollen, nachdem er tot war», fuhr die Mutter fort. «Uns wurde gesagt, er sei nicht so sehr entstellt gewesen, nach dem tiefen Fall. Er sprang von einem zwölfstöckigen Hochhaus. Wir vier, die wir zurückblieben, einigten uns darauf, ihn so in Erinnerung zu behalten, wie er gewesen war ... quicklebendig und fröhlich. Aber nachher bin ich zu der Überzeugung gekommen, daß das, was passiert ist, viel zu vage bleibt, denn lange Zeit glaubte ich, das Ganze sei nur ein Schauspiel. Ich dachte, daß er gar nicht tot sei, sondern ein anderer, der seine Papiere bei sich hatte. Ich weiß noch, daß ich das auch dachte, als ich an seinem Sarg stand. Ich sagte zu mir: ‹Er ist es gar nicht, der da drin liegt. Mein Junge, der kommt eines Tages wieder.› Heute glaube ich, daß ich es stärker erlebt hätte, wenn ich ihn gesehen hätte, aber vielleicht ist mir auch etwas erspart geblieben, weil ich ihn nicht sehen wollte, als er tot war.»

«Aber du bist an die Stelle gegangen, wo er es getan hat.» Der Vater fiel wieder ins Gespräch ein. Und die Art, wie er sich an seine Frau wandte, sagte mir, daß er an etwas erinnern wollte, das ein Trost war.

«Du bist in dem Gebäude ganz nach oben gegangen und hast hinuntergesehen. Das hätte ich nicht gekonnt.»

«Ich mußte es tun», antwortete sie. «Ich komme da vorbei, auf dem Weg zur Arbeit, und ich dachte, jetzt muß ich es tun, denn ich habe schon so oft daran gedacht. Als ich oben ankam, stand ich nur da und sah aus dem Fenster. Ich sah geradeaus auf die Aussicht. Ich sah nicht nach unten. Danach fand ich eine gewisse Ruhe.»

Der Vater beendete das Gespräch mit den Worten:

«Wir schaffen es jetzt. Es legt sich ein Schleier über die tiefste Trauer.»

*Wir konnten außer Trauer nicht auch
noch die Lüge ertragen*

Die Frau, die dies sagte, war eine von vielen Betroffenen, die ich nie persönlich kennengelernt, sondern nur am Telefon gesprochen habe. Ich hörte, daß ich mit einer älteren Frau sprach.

Sie hatte einen erwachsenen Sohn verloren. Sie und ihr Mann wohnten in einem kleinen Dorf, wo sich sowohl gute als auch schlechte Neuigkeiten schnell herumsprechen. Der erwachsene Sohn war seit langem ausgezogen und wohnte in einem ganz anderen Teil des Landes. Als die Eltern erfuhren, daß er sich das Leben genommen hatte, hätten sie leicht beschönigen oder verschweigen können, was geschehen war.

«Haben Sie erzählt, wie er gestorben ist?» fragte ich. «Viele Betroffene ziehen es vor, es als Unfall zu bezeichnen.»

Die Antwort kam ruhig. «Wir haben von Anfang an offen gesagt, was geschehen war, und ich glaube, deshalb hat es im Dorf auch kein Gerede gegeben. Wir hätten zu der Trauer nicht auch noch die Lüge ertragen.»

Während der Arbeit an den Radiosendungen habe ich erlebt, daß es oft die Zurückbleibenden selbst sind, die am besten offen mit dem Geschehenen umgehen können und auf diese Weise dazu beitragen, es zu enttabuisieren und Vorurteile zu beseitigen. Sie wissen, daß es verletzende und schwierige Auswirkungen haben kann, wenn sie die Wahrheit verschweigen oder verbergen würden. Es ist bedrückend, mit der Angst leben zu müssen, daß die Leute doch eines Tages erfahren könnten, daß es Selbsttötung war, nachdem man anfangs gesagt hat, es sei ein Unfall oder eine Krankheit gewesen. Eine Frau, die ihren Mann durch Suizid verlor – er nahm sich das Leben während einer akuten Geisteskrankheit –, formulierte es so:

«Meiner Meinung nach wird viel zuviel vertuscht, wenn es um Suizid geht. Bei Kindern, die einen Vater oder eine Mutter durch Suizid verloren haben, ist man fast automatisch verpflichtet zu glauben, daß sie in psychiatrische Behandlung

gehören. Ich glaube, es ist eine viel größere Belastung, es zu vertuschen, als dazu zu stehen
und zu sagen: ‹Ich hatte einen Vater, der sich
das Leben genommen hat. Er schaffte es nicht
mehr.›»

«Zwischen Menschen, die einander nahestehen,
gibt es immer sowohl positive als auch negative
Gefühle, und wenn wir jemanden verlieren, den
wir lieben, bereiten uns die negativen Gefühle
dann Schuldgefühle.»
    Diese Zeilen stammen aus einem Gespräch,
das ich mit einem Psychiater hatte, während ich
an diesem Buch arbeitete. Ich will seine Aussage
als ein Bindeglied zwischen den Darlegungen
der beiden obengenannten Frauen und der einer
dritten Mutter benutzen. Als ich mit ihr sprach,
waren mehrere Jahre vergangen, seit sie ihren ju-
gendlichen Sohn verloren hatte. Er hatte sich
eines Tages erhängt, als die ganze Familie gemeinsam in Urlaub war. Die Eltern, die Geschwister und seine Freundin hatten das Gefühl,
keine Vorwarnung von ihm erhalten zu haben,
daß er unglücklich war oder Probleme hatte. Sie
werden nie eine Antwort darauf erhalten, ob das
Ganze eigentlich nur als makabre Handlung gedacht war, die gar nicht so enden sollte, sondern

nur Schrecken einjagen wollte. Das war eine mögliche Erklärung, die sie einander hinterher gaben.

Auf die Frage, warum sie anscheinend ohne zu zögern bereit war, mir ihre Geschichte zu erzählen, antwortete die Mutter:

«Es ist so wichtig, offen zu sein. Ein junger Freund der Familie fragte uns neulich ganz direkt, wie wir die erste Zeit nach dem Tod unseres Sohnes überstanden hatten. ‹Wie habt ihr es überwunden?› fragte er. Es war eine Erleichterung, endlich von einem Menschen, der der Familie nahestand, eine direkte Frage zu bekommen.»

Ja, denke ich und erinnere mich an die Aussage des Psychiaters über die komplizierten Gefühle zwischen uns Menschen. Nach einem Suizid werden die Zurückbleibenden oft von Schuldgefühlen und Fragen nach der Verantwortung geplagt: «Warum mußte das mir passieren?»

Verstärken wir, die Umgebung der Hinterbliebenen, deren Schmerz häufig noch, indem wir es unterlassen, Fragen zu stellen oder von dem Toten zu sprechen? Glauben wir, daß wir die Zurückbleibenden schonen, indem wir es vermeiden, seinen Namen zu nennen?

Ich sehe wieder auf die Notizen aus meinem Gespräch mit dem Psychiater und lese: «Wenn wir es unterlassen, von dem Toten zu sprechen, dann machen wir ihn oder sie zu dem, was Fachleute eine Nicht-Person nennen. Es ist, als habe der Tote nicht existiert, und die, die zurückbleiben, finden kein Ventil für ihre Worte des Vermissens und der Wut, die oft auch ein Teil der Trauer ist.»

Als die ersten Sendungen über Suizid und die Zurückbleibenden im Radio ausgestrahlt wurden, meldete sich eine Frau bei mir, die vor zwei Jahren ihren Mann verloren hatte. Sie erzählte, daß sie sich noch immer in einer Art Schockzustand befinde, nicht fassen könne, daß er nicht mehr da sei. Kein Mensch zu Hause sprach mit ihr über ihren Mann, der sich so plötzlich das Leben genommen hatte. Ihre erste Reaktion, als sie die Programmvorschau las, war: «Über so etwas kann man doch nicht im Radio sprechen. Es tut zu sehr weh und ist zu schlimm für die, die das erlebt haben.» Trotzdem entschied sie sich zum Zuhören.

«Ich wurde neugierig, rastlos, konnte keine Ruhe finden. Ich mußte hören, was andere sagten, die dasselbe erlebt hatten.»

Als sie mich dann anrief, erzählte sie mir folgendes:

«Ich fühle eine solche Verbundenheit und Dankbarkeit für die, die es gewagt haben, dort zu sprechen. Ich habe das Gefühl, daß das, was sie erzählt haben, ganz genau auch für mich zutrifft. Noch heute, zwei Jahre nachdem mein Mann sich das Leben genommen hat, habe ich Angst, und ich habe so viele Fragen. Ich habe Kinder, die an ihren Vater Briefe geschrieben haben, lange nach seinem Tod, um ihn zu fragen, ob es etwas gebe, was sie hätten verstehen können: ‹Gab es etwas, womit wir dir hätten helfen können, Papa?› Die Kinder und ich bitten um Antwort auf Fragen, die immer unbeantwortet bleiben werden, aber vielleicht haben wir eine Lösung gefunden, indem wir offener sind und miteinander sprechen.»

Es sollte mehr als ein Jahr vergehen, bis ich diese Frau traf, und sie erzählte mir ihre Geschichte:

«Ich kannte keine andere Frau, die ihren Mann auf diese Weise verloren hatte. Andere erzählen zu hören, machte auch mir Mut, und die Kinder und ich fingen an, miteinander darüber zu reden. Es war alles so schwer damals, als es passierte. Ich hatte das Gefühl, daß ich fast keine Luft mehr bekam. Es war schwer aufzustehen, es war schwer, die Küche zu machen, schwer, stillzusitzen. Das Ganze war ein Alptraum. Ich konnte nicht mehr klar denken. Jede Minute am Tag und in der Nacht jagten alle möglichen Gedanken chaotisch durch meinen Kopf. Es ist unglaublich hart, was die Kinder und ich durchgemacht haben, aber gerade jetzt schaue ich nach vorn. Ich glaube, daß die Kinder und ich es schaffen werden, uns wieder zusammen zu freuen, denn jetzt können wir auch über die schönen Erinnerungen sprechen, die wir aus der Zeit davor haben. Ich bin froh, daß ich es jetzt wage, davon zu sprechen, daß sich mein Mann das Leben genommen hat, denn vielleicht kann ich auf diese Weise anderen helfen. Ich kann mich selbst heute so akzeptieren, und ich glaube, ich werde es schaffen, neu anzufangen.»

«Was wußten die Kinder?» fragte ich. Sie hatte mir vorher erzählt, daß sie im Teenager-Alter waren, als der Vater starb. «Wann erzählten Sie ihnen, daß ihr Vater sich das Leben genommen hat?»

«Sie wußten von Anfang an alles. Daß er es getan hatte und auf welche Weise, aber wir sprachen nie darüber ... wir konnten das Thema nicht ertragen. Sie haben mir später erzählt, daß sie nicht wußten, was sie antworten sollten, wenn sie in ihrem Freundeskreis danach gefragt wurden. Und zu Hause hatten sie Angst, ich würde anfangen zu weinen. Ich glaube, sie haben vieles mit sich herumgetragen, worüber sie gerne geredet hätten. Nun können wir leichter reden, weil ich jetzt auch Freude zeigen kann, wenn ich von ihm spreche. Ich kann sagen, heute hätte er Geburtstag gehabt, und wir können gemeinsam an ihn denken. Wir haben wieder alle Bilder hervorgeholt aus der Zeit, als er noch lebte. Früher habe ich oft gemerkt, daß die Fotos durcheinander waren, wenn ich nach Hause kam, und ich wußte, daß die Kinder sie sich ansahen, wenn ich weg war. Jetzt sehen wir sie uns gemeinsam an. Es war am Anfang schwer für mich, weil ich mich an alles erinnerte, was wir zusammen gemacht haben, mein Mann und ich; wir machten Ausritte, Ausflüge in den Wald, wo wir zusammen ums Feuer saßen, oder wir waren bei Schützenvereinstreffen. Aber die Kinder fingen an zu lächeln und sagten: ‹Weißt du noch, damals als . . . und das Mal, wo . . .› Sie konnten sich richtig wieder hineinleben, sahen mich an, und gemeinsam konnten wir uns entspannen mit den guten Erinnerungen.»

Ich betrachtete die Frau und dachte: Ist es für uns andere eigentlich möglich, ihre Situation zu verstehen durch das, was sie erzählt? Sie hatte mir geschildert, wie sie ihren Mann kennengelernt hatte, als sie beide noch ziemlich jung waren, und sie waren fast zwanzig Jahre verheiratet gewesen. Sie hatte nicht nur den Mann verloren, den sie liebte, sondern auch den Versorger der Familie, den nächsten Freund und vertrauten Partner ihres ganzen erwachsenen Lebens. Im Dorf, wo alle sie als ein Paar kannten, mußte sie allein einen neuen Lebensrhythmus finden. Das Gefühl von Isolation war schmerzhaft, aber auch in dieser Situation hatte ihr neuer Wille zur Offenheit ihr geholfen, sagte sie:

«Für Freunde und Nachbarn war es gut, daß wir wieder von ihm sprachen. Sie konnten ruhig seinen Namen erwähnen, denn da ich es auch tat, hatten sie nicht das Gefühl, etwas Falsches zu tun, wenn sie manchmal von ihm sprachen.»

In ihrem neuen Leben als Alleinstehende wurde sie mit Situationen konfrontiert, in denen es notwendig war, die Wahrheit zu sagen.

«Ich suchte eine Stelle, denn ich brauchte zusätzliches Geld, um uns zu versorgen. Ich wurde Raumpflegerin, mußte Büroräume saubermachen, zu denen eine Garage gehörte. Aber als ich den Abgasgeruch spürte, geriet ich in Panik und mußte erzählen, warum ich solche Angst hatte – daß mein Mann sich mit Abgasen umgebracht hatte –, damit ich Zeit bekam, mich daran zu gewöhnen und die Arbeit zu schaffen.»

Für diese Familie, wie für so viele Hinterbliebene, kam der Suizid des Mannes völlig unerwartet. Er hatte wie gewöhnlich morgens die größeren Kinder in die Schule gefahren. Das jüngste Kind, das oft mitfuhr, um mit Papa zusammenzusein, blieb an diesem Tag daheim, weil es am Abend vorher spät geworden war. Die Mutter und das Jüngste erwarteten den Papa bald zum Frühstück zurück, deshalb ließen sie das Essen auf dem Tisch stehen. Aber es dauerte länger als sonst. Im Laufe des Vormittags wurde sie unruhig, es sah ihm so gar nicht ähnlich. Nach und nach fing sie an herumzutelefonieren, um zu fragen, ob jemand wüßte, warum er noch nicht zu Hause sei, aber niemand konnte ihr etwas sagen.

Erst spät am Nachmittag bekam sie Bescheid. Später erfuhr sie, daß er schon mehrere Stunden, bevor man sie informierte, gefunden worden war, so daß viele im Dorf es wohl vor ihr und den Kindern gewußt hatten. Es war der Pfarrer, der ihr von der Katastrophe erzählte. Sie traf ihn auf dem Nachhauseweg, nachdem sie im Dorf herumgelaufen war, um nach ihrem Mann zu fragen. Ihre erste Reaktion war: «Ich will es den Kindern selbst erzählen!»

«Die Tage danach waren wir wie im Koma, auch bei der Beerdigung. Wir begriffen es nicht.

Konnten nicht fassen, daß er nicht mehr da war. Ich ging zu seinem Grab, glaubte, dort sei mein Platz, dachte, das würde mir ein Gefühl der Nähe zu ihm geben. Ich wollte so gerne eine Antwort haben auf die Frage: Warum? Warum hast du nichts gesagt? Wir suchten in Taschen nach Briefen, nach einer Erklärung, einer Hoffnung, fanden aber nichts. Ich fing an, Tabletten zu nehmen, fühlte mich völlig betäubt, lag einfach nur da. Die Kinder sagten:

‹Lieg nicht einfach so da, Mama›, und ich schaffte es, darauf zu reagieren.

Bald begriff ich auch, daß der Schmerz immer dasein würde und daß es mir nichts brachte, Tabletten zu schlucken. Hinterher wurde es nur noch schlimmer. Nach und nach setzte ich die Tabletten völlig ab, und da entdeckte ich, daß es mir jetzt leichter fiel, an ihn zu denken. Heute – so lange danach – weiß ich, als ich anfing, über das zu sprechen, was passiert war, da habe ich mich da hineinversetzt und gefühlt, daß er in unserer Nähe war. Ich empfand eine Erleichterung im Herzen und im ganzen Körper, wenn ich von ihm sprach, von dem, was passiert war, und wie sehr ich ihn vermißte. Vor gar nicht langer Zeit habe ich angefangen, meine Gedanken aufzuschreiben. Ich nahm eine Kladde und schrieb

die schönen Erinnerungen auf, fühlte, daß es gut-
tat, die Kinder und Freunde lesen zu lassen, was
ich geschrieben hatte. Sie lachten nicht, sondern
lasen das, was ich nicht laut aussprechen konnte.

Meine großen Kinder haben mir sehr geholfen.
Sie haben mich in meinen Zukunftsplänen unter-
stützt. Ich habe mich zu Kursen angemeldet und
überlege, eine Ausbildung zu machen, um uns
besser versorgen zu können. Die Anerkennung
der Kinder ist für mich wichtig gewesen, und ich
bin stolz darauf, daß wir es zusammen schaffen.
Heute kann ich spüren, daß mir das Leben wieder
etwas bedeutet, die Menschen und die Dinge um
mich herum. Manchmal sagte jemand: ‹Daß du
dich traust, zu sagen, daß er sich das Leben genommen hat!› Aber es ist ja die Wahrheit. Ich
mußte ihr in die Augen sehen. Manchmal denke
ich, daß ich allein mit der ganzen Verantwortung
dasitze. Ich könnte nie so weggehen, denn ich
würde nur an die denken, die zurückbleiben und
sich durch alles hindurchkämpfen müssen. Es
sind doch viele Menschen, die zurückbleiben,
und es gibt viele tiefe Wunden. Ich habe immer
noch ab und zu Angst und denke: ‹Kann das in
unserer Familie wieder passieren?› Ich glaube,
diese Angst werde ich noch lange mit mir herum-
tragen.»

Was soll ich den Kindern erzählen?

Viele Zurückbleibende kämpfen mit Fragen wie: Wie alt müssen die Kinder sein, um zu verstehen, wieviel sollen wir ihnen erzählen?

Ein junger Vater, der seine Mutter verloren hatte, schreibt:

«Was soll ich meinem Sohn erzählen, wenn er fragt, woran Großmutter gestorben ist? Mein Sohn ist erst fünf Jahre alt. Ich habe keine Lust, zu lügen oder etwas zu verschweigen, aber ich spüre, daß das für mich wirklich tabu ist. Warum habe ich solche Angst, darüber zu sprechen, daß sich meine Mutter das Leben genommen hat? Ich glaube, ich habe Angst, er könnte mir groteske Fragen nach Details stellen, oder ich habe Angst, ihm den Gedanken einzugeben, daß so was in unserer Familie passiert.»

Ein anderer Vater erzählt:

«Meine Lebensgefährtin hat sich vor drei Jahren das Leben genommen. Unsere zehnjährige Tochter war nicht mit bei der Beerdigung, und ich habe ihr nicht erzählt, daß ihre Mutter sich das Leben genommen hat. Jetzt ist die Mutter meiner Lebensgefährtin gestorben und soll in ein paar Tagen beerdigt werden. Bei meiner Tochter hat der Tod der Großmutter Träume ausgelöst, in denen ihre tote Mutter zurückkommt. Sie spricht in diesen Tagen viel von ihrer toten Mutter. Soll ich es wagen, sie mit zur Beerdigung der Großmutter zu nehmen, und wie kann ich ihr schonend vom Suizid ihrer Mutter erzählen?»

Eine Mutter sucht nach einer Lösung für ihr Problem:

«Mein Mann hat sich vor bald zwei Jahren das Leben genommen. Unser vierzehnjähriger Sohn weiß nicht, woran sein Vater starb. Ich habe es nicht fertiggebracht, ihm die Wahrheit zu sagen. Was soll ich ihm jetzt sagen, wo er älter wird?»

Das Schwerste beim Verschweigen und Notlügen ist die Angst, daß die Wahrheit ans Tageslicht kommt. Die Furcht, die Kinder könnten durch unbedachtes Reden oder Tratsch erfahren, was geschah; die Angst, daß andere erzählen, was man selbst hätte erzählen sollen, und daß sie andere Worte und Details wählen, die dem Kind nicht den ersten Eindruck vermitteln, den man sich für es wünscht.

Was soll man den Kindern erzählen?

«Laß uns diese Frage erörtern, denn sie beschäftigt viele Menschen», sagte ich zu dem Psychiater.

«Ich glaube, daß die Kinder es oft schon wissen, jedenfalls wenn sie die Pubertät erreicht haben», antwortete er. «Sie sagen vielleicht nichts, um den Erwachsenen zu schonen, der es nicht fertigbringt, darüber zu sprechen. So wird es für beide Teile zu einem schwer zu tragenden Geheimnis, einer großen Belastung für alle. Ich bin im Prinzip für Offenheit innerhalb der Familie. ‹Eine offene Familie ist eine gute Familie›, sage ich oft. Aber wir wissen auch, daß alle Familien mit Mythen und ihren ureigenen Regeln kämpfen, die uns oft stärker steuern, als wir begreifen. Ich habe erlebt, daß es darüber in der Familie Uneinigkeit geben kann. Der eine will, daß über den Suizid offen geredet wird, der andere nicht. In solchen Situationen pflege ich zu sagen: ‹Niemand anders kann bestimmen, was Ihrem Gefühl nach richtig ist. Wenn Sie offen sein wollen, zum Beispiel Ihren Kindern gegenüber, dann machen

Sie Ihrer Familie deutlich, daß Sie es erzählen werden.› Ich glaube daran, daß man sich selbst fragen muß: ‹Was ist richtig für mich, und wie habe ich das Gefühl, am besten auf meine Kinder Rücksicht zu nehmen? Und wie wichtig ist mir das, was andere darüber denken?› Ich glaube, daß Familien auf eine Selbsttötung als eine Einheit reagieren. Alle Familienmitglieder sind betroffen, auch ganz kleine Kinder.»

«Viele haben Angst, daß das Reden darüber den Gedanken auslösen kann, daß ‹so etwas in unserer Familie passiert›», sagte ich.

«Die Angst, Offenheit innerhalb der Familie könnte Nachahmungen auslösen, hat – so glaube ich – mit unseren Tabuisierungen zu tun», antwortete er. «Es gibt viel magisches Denken im Zusammenhang mit Tabus. Das gilt auch für die Selbsttötung. Man glaubt, wenn man es ausspricht, geschieht es. Solche Tabus sind eine Belastung sowohl für Menschen, die daran denken, sich das Leben zu nehmen, als auch für Familien, in denen ein Suizid geschehen ist. Offenheit ist notwendig, um vorzubeugen, glaube ich.»

«Vielleicht ist die Gefahr der Vererbbarkeit ein Mythos, aber der Gedanke macht vielen angst», sagte ich.

Der Psychiater sah mich an und sagte:

«Man kann bei Suizid nicht von einer genetischen Vererbung sprechen, aber wir wissen, daß bei bestimmten Formen von Depression und psychischen Krankheiten das Moment der Vererbung eine gewisse Rolle spielt. Wenn wir in Verbindung mit Suizid von Vererbbarkeit sprechen, müssen wir eher das soziale Erbe und das ‹Erlernen› betrachten. Suizid kann ein Teil eines Familienmusters sein. Das hat etwas mit der Vorgeschichte der Familie zu tun. Wie sie leben. Ich glaube, daß das ‹Sich-selbst-Schädigen› einen familiären Hintergrund haben kann. Man reagiert auf diese Weise, wenn einem etwas zuwiderläuft, man richtet die Verzweiflung gegen sich selbst. In manchen Familien ist dies stärker ausgeprägt als in anderen. In wieder anderen Familien ist jeder hauptsächlich für sich selbst verantwortlich. Es ist Sache jedes einzelnen, was er tut, man bezieht nicht andere ein als Ursache für etwas, das man selbst tut. Hier finden wir vielleicht eine Erklärung dafür, daß Suizid in einigen Familien häufiger vorkommt als in anderen. Es kann auch sein, daß ein neuer Suizid in der Familie damit zu tun hat, wie die Familie die Reaktionen auf einen früheren Suizid oder dramatischen Todesfall verarbeiten konnte.»

Ich spürte, daß er etwas Richtiges sagte. Nach meiner Erfahrung schaffen es die Menschen am besten, mit der tragischen Erfahrung zu leben und sie zu verarbeiten, die zu sich selbst und anderen sagen können: «Der Tote hat seine Wahl getroffen. Die Verantwortung muß bei dem liegen, der sich das Leben genommen hat.»

Das Recht, sich nicht schuldig zu fühlen

Warum ist es so schwer, über das Recht, sich nicht schuldig zu fühlen, zu sprechen? Haben wir das Gefühl, dem Toten nicht genug Respekt zu erweisen? Hat es wieder mit Mythen zu tun, die wir um die Zurückbleibenden schaffen? Denn viele von uns können nicht trauern, ohne auch Schuldgefühle mit einzubringen, selbst wenn wir keinen Grund dazu haben. Aber manche können es. Ich denke an die Mutter, die von der Trauer über den Verlust ihrer erwachsenen Tochter sprach:

«Nein, ich fühle keine Schuld. Die Einsicht in die Psychiatrie und die Krankheitsgeschichte meiner Tochter haben mit geholfen. Meine Tochter hatte eine Krankheit, an der sie langsam zerbrach. Die Krankheit hat ihr Leben behindert, und sie wußte, daß sie an ihr sterben würde. Aber die Trauer ist unfaßbar. Für mich wird sie mit jedem Jahr schwerer. Ich habe die Antriebskraft verloren und lasse mich nur noch treiben. Ich glaube, daß die Trauer einen abhärtet. Es tut weh, es soll weh tun. Man soll vor der Trauer nicht flüchten, sondern durch das Feuer gehen. Tränen helfen. Warum sagen wir: ‹Weine nicht!›? Ich sage: ‹Weine!› Tränen lösen Anspannung und Streß. Der ganze Körper wird weicher und beruhigt sich. Wenn mir heute, viele Jahre nach dem Tod meiner Tochter, erschütternde Dinge passieren, dann weine ich. Egal, weshalb ich weine, ich weine immer auch um sie. Ein erwachsenes Kind zu verlieren, das man so lange begleitet hat, diese Trauer ist unfaßbar.»

Diese Mutter reagierte auch ablehnend auf das Wort Freitod.

«Freitod ist ein völlig unbrauchbares Wort im Fall meiner Tochter. Wenn ein lebenswertes Leben möglich gewesen wäre, hätte sie das Leben gewählt. Sie hatte nicht das Gefühl, eine Alternative zu haben. Sie wollte ja leben, aber sie konnte nicht.»

Das Recht, sich nicht schuldig zu fühlen.

Eine Frau, die über den Suizid ihres Mannes sprach, benutzte auch diesen Ausdruck.

Sie sagte:

«Er tat ja sich selbst weh. Ich durchlebte es ja nur indirekt. Ich sitze hier und bin am Leben und habe nicht so viel gelitten wie er, also ist er selbst eigentlich derjenige, dem er es angetan hat.»

Ihr Mann nahm sich das Leben nach einer kurzen, dramatischen Krankheit. Im Laufe von wenigen Wochen befand er sich in einer, wie die Psychiater es nannten, reaktiven Psychose und wurde für sich selbst und für sie eine Gefahr.

«Er hatte Halluzinationen, sah und hörte Dinge, die gar nicht geschahen. Beschuldigte mich, seine Schecks zu fälschen und das Silber zu verstecken. Behauptete, daß unsere älteren Nachbarn mitten in der Nacht durchs Schlafzimmerfenster hereinkrochen. Er beschuldigte mich, Dinge zu tun, die nur er in sich fühlte, aber ich glaube, er war davon überzeugt, mich in solchen Situationen zu sehen.»

Die Frau zündete sich eine Zigarette an, nahm einen tiefen Zug und lehnte sich im Sofa zurück, bevor sie fortfuhr:

«Ich glaube, die Krankheit meines Mannes begann, als ich voll arbeiten mußte und diejenige wurde, die hauptsächlich die Familie unterhielt. Ich habe eine gute Ausbildung, aber vorher hatte ich nur ab und zu aushilfsweise gearbeitet. Dann stieg ich voll in den Beruf ein, wir brauchten Geld. Ich bekam eine leitende Stellung und fand Erfüllung in der Arbeit. Das brachte mir interessante Herausforderungen, und ich verwendete viel Zeit und Kraft für die Arbeit. Für meinen Mann war das eine neue Situation. Er empfand mein Interesse für etwas außerhalb der Familie als Bedrohung und konnte nicht verstehen, wie eine Frau so in der Arbeit aufgehen konnte. Er glaubte, ich hätte einen anderen Mann. Was ich auch sagte, es half nichts. Auch andere Dinge führten dazu, daß er sich sehr zurückgesetzt fühlte in dieser Zeit. Meine Mutter war schwer krank, und ich pflegte sie in den Wochen vor ihrem Tod, und die Kinder waren klein. Dann fuhr er für eine Woche in Urlaub, und im Laufe dieser Tage entwickelte sich die Krankheit.»

Hier zündete sich die Frau eine neue Zigarette an. Die langsamen, aber bestimmten Bewegungen, mit denen sie sich vorbeugte, um eine neue Zigarette zu nehmen oder mehr Kaffee einzugießen, ließen mich denken: Es fällt ihr schwerer zu sprechen, als ihre ruhige Stimme vermuten läßt.

«Ich wandte mich an Ärzte», fuhr sie fort. «Aber sie konnten nichts tun. Sie sagten, wir müßten abwarten. Solange er nicht einverstanden war mit einer Behandlung, eventuell einer Einweisung, griffen die Ärzte nicht ein. Nachdem er sich das Leben genommen hatte, habe ich mich oft gefragt, ob es nicht richtig gewesen wäre, ihn zwangseinweisen zu lassen, aber damals konnte ich mich nicht zu dieser Entscheidung durchringen. Ich dachte, daß er mir das nie verzeihen würde und daß es unsere Chancen für ein späteres glückliches Zusammenleben zerstören würde. Ich liebte ihn doch und wollte mit ihm zusammenleben, wenn er wieder gesund war. Ich habe es nicht über mich gebracht, ihn zwangseinweisen zu lassen, aber vielleicht hätten die Ärzte uns die Verantwortung abnehmen sollen.

Es ist schwer zu sagen, was hätte helfen können in der Situation, in der wir waren. Für Außenstehende, auch für unsere Freunde, war es schwierig auszumachen, wer von uns beiden Hilfe brauchte, und niemand wollte parteiisch sein. Ich bat andere um Hilfe. Er brauchte sie auch, konnte aber nicht darum bitten.»

«Hatten Sie Angst?» fragte ich und dachte, daß ich sie gehabt hätte.

«Anfangs nicht, aber nach und nach. Vierzehn Tage nachdem er krank wurde, hat er mich geschlagen. Er hatte mich vorher noch nie geschlagen. Er konnte wütend und schroff werden, wenn er getrunken hatte, aber er schlug nie. Aber da verlor er vollkommen die Kontrolle. Ging auf mich los, als ich allein in der Stube saß, und schlug mich mit der Faust, daß das Blut nur so spritzte. Die Nachbarn kamen mir zu Hilfe. Ich war so schwer verletzt, daß ich mit einem Schädelbruch ins Krankenhaus eingeliefert werden mußte. Ich blieb ziemlich lange im Krankenhaus. Als ich nach Hause kam, hatte ich schreckliche Angst; ich hatte solche Angst, mit ihm allein zu sein. Aber er bat um Versöhnung, und ich gab die Hoffnung nicht auf, solange ich konnte – ich wollte es gern noch einmal versuchen. Aber die Beschuldigungen und Drohungen gingen weiter, und ich hielt es nicht mehr aus. Ich bat ihn, zu verschwinden. Ich wollte nicht mehr.»

Ihre Stimme war jetzt nicht mehr so ruhig, und sie zögerte etwas, bevor sie fortfuhr:

«Das war an einem Montag. Er nahm den Wagen und verschwand, und am Mittwoch bekam ich von meiner Schwiegermutter die Nachricht, daß er tot aufgefunden worden war. Er hatte sich erschossen.»

Ihre Hand, die nach einer neuen Zigarette griff, zitterte jetzt leicht, aber ihre Stimme blieb noch immer fest, als sie sagte:

«Wie klar er in dem Moment war, als er es getan hat, weiß ich nicht. Aber er wählte diesen

Weg, sich das Leben zu nehmen. Ich hatte das Gefühl, daß er dachte: ‹Ich bin so krank, daß ich nicht wieder gesund werde, aber ich will nicht eingesperrt leben.›»

Ihre Stimme brach, aber sie schluckte die Tränen hinunter und fuhr fort:

«Selbst im Tod hatte er mir nicht verziehen. Denn er schrieb uns allen Briefe, meiner Schwiegermutter, unseren Freunden und mir. Die Polizei fand die Briefe und schickte sie uns, und in dem Brief an mich beschuldigte er mich, daß ich seine Entscheidung ausgelöst hätte. Daß ich ihn zerbrochen hätte.»

In der kurzen Pause, bevor sie zu sprechen fortfuhr, dachte ich bei mir: Können wir ihre Offenheit überhaupt genug schätzen? Hätte ich selbst etwas so Intensives und Entblößendes erzählt? Denn durch die Geschichte ihres Mannes erzählte sie ja auch viel von sich selbst. Und ich dachte auch:

Hier geht es um das Recht, sich nicht schuldig zu fühlen.

«Ich weiß, daß er krank war», fuhr sie fort. «Der Gedanke daran hat mir geholfen, zu verstehen, daß er mich auch nach dem Tod noch treffen wollte. Aus seinen Briefen erfuhr ich, daß er geplant hatte, auch mich umzubringen. Aber was wäre dann aus den Kindern geworden? Er ertrug den Gedanken nicht, alle umzubringen. Um weiterleben zu können, war es wichtig für mich, daß ich versuchte zu verstehen, daß er nicht zurechnungsfähig war, und dann denke ich auch, daß er den Schmerz, den er mir zugefügt hat, eigentlich sich selbst zugefügt hat. Wenn ich heute an ihn denke, denke ich nicht oft an die böse Zeit, eher an die gute. Und ich vermisse ihn, nicht wenn ich Probleme mit den Kindern habe, aber wenn ich auf sie stolz bin. Dann weine ich bei dem Gedanken, daß er das nicht erleben kann. Wissen Sie, die alltäglichen Freuden, die erste Tanzstunde, das bestandene Abitur, wenn sie irgend etwas gut machen. Dann finde ich es furchtbar, daß er nicht da ist.»

«Wie erleben Sie die guten Erinnerungen an ihn?»

«Sie kommen oft ganz blitzartig, besonders wenn ich am Meer bin. Er liebte das Meer sehr. Wenn die Sonne scheint und es blau ist, dann kommt diese Sehnsucht: ‹Oh, das hätte ihm gefallen!› Dann tut es nicht weh, ihn zu vermissen, sondern dann tut es mir für ihn weh, daß er das nicht erleben kann. Daß das Leben für ihn vorbei ist, und daß er nichts mehr von dieser Welt sehen wird. Das sind die Gefühle, die ich heute habe.

Ich vermisse ihn im Alltag nicht mehr, denn ich lebe ja jetzt ein ganz anderes Leben. Aber es tut mir für ihn leid, daß er tot ist.»

«Dann ist also der Satz, daß die Zeit alle Wunden heilt, nicht nur eine leere Phrase?»

«Wenn mir damals, vor ein paar Jahren, als es passierte, jemand gesagt hätte, daß die Zeit alle Wunden heilt, hätte ich ihm ins Gesicht gelacht. Aber die Zeit gibt einem Kraft, die Wunden zu bedecken, damit es nicht mehr so weh tut. Das ist es, was die Zeit tut, denn vergessen tust du es nie . . . Und man lebt doch. Ich war nicht so alt, als er starb, und ich habe einen neuen Partner gefunden, der eine enorme Stütze für mich war und nicht zuletzt auch für die Kinder.»

«Haben Sie gemerkt, daß Sie *seine* Geschichte erzählen?» fragte ich. Sie zögerte, und ich spürte, daß der Gedanke neu für sie war.

«Mein Leben war ja die Hälfte von seinem. Ich bin ein Teil von dem, was ihm passierte», antwortete sie, nachdem sie über meine Frage nachgedacht hatte. «Aber ich weiß nicht, ob es ihm recht gewesen wäre, daß ich seine Geschichte erzähle. Er war ein großer Individualist, und ich glaube eher, daß er eigentlich das Gefühl hatte, allein dazustehen und eine ganz andere Geschichte zu haben als ich, ein ganz anderes Leben. Ich weiß jedenfalls, daß es ihm nicht gefallen hätte, daß ich ihm gegenüber so verständnisvoll bin. Ich glaube, er hätte es lieber gehabt, wenn ich wütend wäre. Daß er irgendwie männlicher wäre, wenn ich wütend auf ihn wäre. Ich glaube, die Tatsache, daß ich über ihn spreche und ihn verstehe, als sei er ein Kind, hätte ihm etwas von seinem Selbstwertgefühl genommen. Wenn er schon nicht die ganz große Liebe von mir bekam, dann sollte es Haß sein. Ich glaube, es hätte ihm gefallen, wenn ich ihn haßte, oder daß ich völlig zerbrochen wäre. Nicht ohne ihn leben könnte. Ich glaube, ich war die Stärkere von uns, und er war eigentlich schwach. Als Mann fand er das schlimm. So wie ich ihn gekannt habe, glaube ich, daß es das war, was er oft dachte . . . und der Grund, warum er sich das Leben nahm. Aber eigentlich weiß ich auch nicht, wie er sich im Inneren fühlte, ob er Angst hatte, verzweifelt war. Er sprach nie darüber. Ich weiß nur, daß er Halluzinationen, Wahnvorstellungen hatte. Was er für eine Meinung von sich selbst hatte und wie es in ihm aussah, das wissen wir ja nicht.»

Wie maßgeblich ist es für das Gefühl von Schuld, in welchem Verhältnis die Zurückbleibenden zum Toten standen, ob sie Ehepartner, Kind, Bruder oder Schwester, Freund, Vater oder Mutter waren?

Ich glaube, für viele Eltern, die ein Kind durch Suizid verlieren, verstärkt sich das Schuldgefühl dadurch – oder wird mit dem Gefühl verwechselt –, daß es so sinnlos erscheint, daß ihr Kind vor ihnen selbst stirbt. Wir haben unseren Kindern das Leben gegeben, und es erscheint uns unnatürlich, daß sie nicht länger leben als wir.

Das brachte auch der Vater, von dem ich nun erzählen werde, zum Ausdruck. Er sagte:

«Wir wissen nicht, was in ihm vorging. Mein Sohn erzählte uns nie, wie er sich fühlte.»

Der Sohn, von dem er sprach, war jünger als der Ehemann, von dem wir eben hörten, aber auch er war erwachsen, hatte Ehefrau und Kinder. Sein Vater erzählte, daß die Familie den Suizid als spontane Handlung erlebte, ausgelöst durch einen Familienkonflikt. Die Eltern wurden nachts geweckt mit der Nachricht, daß der Sohn sich nach einem Fest erschossen hatte, auf dem er eine Enttäuschung erlebt hatte, die er nicht verwinden konnte.

«Auch wenn wir glauben, daß es eine spontane Handlung war, wissen wir heute, daß er die Verzweiflung schon eine Zeitlang mit sich herumgetragen hatte. Aber er war am Tag vorher bei mir gewesen, um sich Werkzeug zu leihen, und ich merkte ihm nichts an. Meine Frau und ich werfen uns vor, daß wir nicht begriffen haben, daß er unglücklich war. Obwohl er uns keine Zeichen gab, die darauf hindeuteten, daß er verzweifelt war, fühlen wir trotzdem Schuld. Ich habe oft gedacht: Wenn es doch nur ein Unfall gewesen wäre! Es ist die Gewißheit, daß es hätte verhindert werden können, die so schrecklich ist, und zudem vermisse ich ihn auch so schrecklich. Meine Frau und ich, wir kommen beide nie darüber hinweg. Da ist es für die anderen leichter. Seine jüngere Schwester sagte nach ungefähr einem Jahr, daß sie das Geschehene nun genug verarbeitet haben müßte. ‹Ich halte es nicht aus, immer wieder daran zu rühren!› sagte sie. Ich verstehe sie und denke, daß wir Eltern damit allein fertig werden müssen.»

«Können Sie einander Trost geben, Sie und Ihre Frau?» fragte ich.

«Wir mußten lernen, daß wir nicht immer gleichzeitig trauern. An einem Tag, an dem es vielleicht für sie besonders schwer ist, geht es mir womöglich gut, während ich schwermütige Tage erlebe, wenn es ihr gelingt zu vergessen. Es hat lange gedauert, bis wir gelernt haben, einander zu verstehen und aufeinander Rücksicht zu nehmen.

Es gab viel Streit und viele aufreibende Zwischen-
fälle deswegen. Wenn nicht gute Freunde uns geholfen hätten zu begreifen, wie Trauer auch zwei
Menschen trennen kann, die sich sehnlichst wünschen, einander zu trösten, dann wüßte ich nicht,
was aus uns beiden geworden wäre. Es ist schwer,
nicht imstande zu sein, einander zu helfen. Für
uns sind gute Freunde wichtig gewesen. Wir haben sie angerufen und gesagt: ‹Wir würden euch
gern sehen. Wir brauchen euch!› Von der ersten
Stunde an haben sie uns geholfen, über unseren
Jungen zu reden. Freunde heranziehen, reden,
weinen: das ist wichtig, glaube ich. Und langsam
legte sich die Scham, die so leicht kommt bei einer
Selbsttötung, bei uns, die wir einen Sohn auf diese
Weise verloren haben. Es ist uns auch ein Trost
gewesen, auf den Friedhof zu gehen. Wir werden
dort ruhiger, sind ihm nah. Obwohl ich nicht
gläubig bin, spüre ich diese Nähe.»

«Der Schock für die Zurückbleibenden – glauben Sie, daß es wichtig ist, darüber zu reden, wie
sich ein Schock äußern kann?»

«Für mich war es so, daß ich mich heute an
nichts aus den ersten Wochen danach erinnern
kann. Die Tage flossen dahin. Ich kann das, was
in mehreren Wochen danach passierte, nicht zeitlich einordnen. Ich konnte auch nicht begreifen,

daß er für immer fort war, obwohl ich mich entschieden hatte, ihn noch einmal zu sehen, als er
tot war. Ich bin froh, daß ich das getan habe. Sie
sagten mir, daß er durch den Schuß nicht so sehr
entstellt war, und ich weiß heute, daß es richtig
war, ihn noch einmal zu sehen. Auf diese Weise
konnte ich Abschied nehmen. Aber trotzdem
dauert es lange, bis man versteht, bis man vielleicht sogar akzeptiert, was passiert ist. Erst jetzt,
mehr als eineinhalb Jahre danach, ist er auch in
meinen Träumen tot. Das erste Jahr träumte ich
nachts immer, daß er lebte. Ich glaube, es ist wichtig, darüber zu reden, was ein Schock mit uns
Menschen machen kann, und daß wir danach
Hilfe brauchen, egal, was den Schock ausgelöst
hat. Es ist immer erschütternd für mich, wenn ich
über meinen Sohn spreche. Trotzdem will ich
darüber reden, auch weil ich glaube, daß mehr öf-
fentliche Aufmerksamkeit nötig ist für die Situation der Zurückbleibenden.»

«Sind Sie in der Lage, keinen Groll gegen seine
frühere Frau zu fühlen?»

«Die Gefühle nehmen leicht überhand in einer
solchen Situation, aber die Vernunft sagt mir, daß
ich nach dem *Warum* bei ihm selbst suchen muß.
Obwohl es vielleicht in dem Moment eine spontane Tat war, muß es etwas in ihm gegeben ha-

ben, das den Gedanken auslöste, nämlich seine Umgebung auf diese Weise strafen zu wollen. Er sprach nie über seine Probleme oder von Dingen, die ihn traurig machten. Er trug sicher vieles mit sich herum und unterdrückte seine Gefühle. Ich hatte auch früher schon Reaktionen bei ihm erlebt, die mich begreifen ließen, daß er an solch dramatische Taten dachte, wenn ihm etwas zuwiderlief. Es ist für einen Vater nicht leicht, das zuzugeben, aber ich glaube, das war ein Teil des Ganzen, und es hilft mir, leichter zu verzeihen. Aber nach solch furchtbaren Ereignissen geschieht viel Schlimmes, und ich habe mich oft gefragt, ob es aus Unverstand oder Schuldgefühlen heraus geschieht. Die Kinder in der Familie sind vielleicht auf lange Sicht am meisten betroffen, und das macht die Tragik noch unfaßbarer.»

Gespräch mit einem Psychiater

Was für eine zusätzliche Belastung stellen die überlieferten und noch herrschenden Vorstellungen von und um Selbsttötung für die Hinterbliebenen dar?

Als ich meine Radiosendungen vorbereitete, hatte ich eine vorgefaßte Meinung davon, in welchen sozialen Gruppen Familien ihre Kinder durch Suizid verloren. Wie so viele andere dachte ich hauptsächlich an besonders belastete «Risikogruppen». Aber die Begegnung mit vielen Familien, die junge Menschen verloren hatten, brachte auch mir andere Erfahrungen. Denn wer ist besonders belastet und wie entsteht Hoffnungslosigkeit? Und was ist eine Risikogruppe? Ich traf Eltern, die stark genug waren, davon zu erzählen, und die ihrer Umgebung vielleicht das Unbegreifliche an diesem Geschehen klarmachen konnten. Und das Einzigartige in jedem Menschen.

Ich blättere in den Notizen von dem Gespräch mit dem Psychiater und denke: Wenn man Menschen kennt, die unter ihren Nächsten einen Suizid erlebt haben, dann wirken Theorien auf dem Papier immer unzulänglich und fehlerhaft, auch wenn die Aussage richtig ist.

Ich lese: «Wenn sich ein junger Mensch das Leben nimmt, trifft uns das unvorbereiteter, als wenn ein alter Mensch nicht mehr leben will. Ich glaube, daß alle, die sich mit Suizid beschäftigen, es so empfinden. Wir sind nicht darauf vorbereitet, daß junge Menschen nicht mehr leben wollen. Wir erwarten so etwas nicht. Aus der Statistik wissen wir auch, daß junge Leute oft sogenannte ‹harte› Methoden wählen, wenn sie sich umbringen. Sie wollen sicher sein, daß es gelingt.»

Ich blättere weiter in den Notizen und rufe mir in Erinnerung, daß ich, um dem Psychiater gegenüber gerecht zu sein, klarstellen muß, daß es sich bei dem, was ich hier wiedergebe, nur um Bruchstücke des Gespräches handelt. Aber trotzdem, in versuchten Erklärungen liegt oft ein Trost. Ich lese weiter:

«Während der Pubertät zeigen sich bei einigen schon die ersten Anzeichen von psychischen Erkrankungen, auch wenn oft Jahre vergehen, bevor eine endgültige Diagnose gestellt wird. Vielleicht ist es erst möglich, eine Diagnose zu stellen, wenn der Patient weit über zwanzig, fast dreißig ist. Der junge Mensch fühlt Dunkelheit, Schwermut, Pessimismus und Hoffnungslosigkeit, die zur Krankheit gehören, früher, als es möglich ist, sie als Krankheitsanzeichen zu deuten und ihm zu helfen. Dies kann junge Menschen betreffen, die sonst aktiv, erfolgreich und voller Initiative waren, und wenn solche Symptome auftauchen, wird nicht an eine mögliche Krankheit gedacht. Ich bin mir bewußt, daß das oft unklar klingt, sowohl für die jungen Menschen selbst als auch für die Eltern. Und wo ist die Grenze zwischen dem, was als normale Pubertätsprobleme betrachtet werden kann, und einer sich entwickelnden Krankheit? Vielleicht ist es besonders für junge Menschen schwierig zu verstehen, daß man bei psychischen Problemen Hilfe braucht.»

Aus Gesprächen mit vielen Eltern weiß ich auch, daß es für Eltern und junge Menschen, die erkennen, daß sie Hilfe brauchen, schwierig sein kann, einen Therapeuten zu finden, der Sicherheit und Vertrauen vermittelt, und der Zeit hat.

«Als Psychiater denke ich oft darüber nach, wer von uns eine innere Sicherheit hat und wer

nicht. Ob wir wohl alle den Keim eines Selbstzer-
störungstriebes in uns tragen? Bei wem von uns
gewinnt er die Oberhand? Und die Selbstverach-
tung in uns, woher stammt sie? Ich glaube nicht,
daß man sie nur mit äußeren Dingen, die uns widerfahren sind, erklären kann. Manchmal denke
ich, daß bei selbstdestruktiven Menschen die Gedanken ein eigenes Innenleben haben. Als Thera-
peut weiß ich, daß es schwierig ist, an diese Gedanken heranzukommen und zu verstehen,
warum sie sich genau bei diesem Menschen entwickelt haben. Ich glaube, daß der Tote sich oft in
den Gedanken an Suizid verstrickt hat. Wir wissen ja, daß nicht jeder die Fähigkeit hat, Vertrauen zu zeigen, und mancher wird zu einem
Gefangenen seiner eigenen Veranlagung. Wir
wissen, daß es diejenigen am schwersten haben,
die ihrer Verzweiflung nicht durch Worte Ausdruck geben können, daß Suizid aber auch geschieht, obwohl der Betroffene jemanden hat, mit
dem er sprechen kann und der sich um ihn sorgt.
Aber dieser Mensch hat sich fixiert auf Suizid als
Lösung und ist nicht in der Lage, auf Kontaktan-
gebote einzugehen. Für Außenstehende mag es
den Anschein haben, als geschehe der Suizid im
Affekt, aber ich glaube, daß die Gedanken des
Betroffenen schon oft darum gekreist sind. Die

Handlung selbst, wenn sie vollzogen wird, mag im Affekt geschehen.»

Ich lege die Notizen zur Seite und denke, es ist wichtig, daß wir uns mit der Frage beschäftigen, warum ein Mensch sich das Leben nimmt, denn dem, was wir verstehen, können wir leichter vorbeugen. Aber was ist mit dem, das wir nicht verstehen?

Eigentlich hätte er das Leben lieben sollen

Das waren die Worte einer Mutter. Ich hatte ein Treffen mit ihr vereinbart, gemeinsam mit ihrer ältesten Tochter. Sie wollten von ihrem Sohn und Bruder berichten, der sich das Leben genommen hatte.

Während ich auf sie wartete, konnte ich mich eines Gedankens nicht erwehren, der immer wiederkam: Wie ist es möglich, das Leben zu meistern, nachdem man ein Kind verloren hat? Ein Kind zu verlieren muß das Schmerzvollste sein, das einem Menschen widerfahren kann.

Die Begegnung mit Menschen, die trauern, gibt einem oft ein Gefühl von Demut und Abstand. Man möchte sich identifizieren, um besser verstehen zu können und um die richtigen Worte zu finden, fühlt sich aber auch hilflos und unzureichend. Dieser Mutter und dieser Schwester wollte ich gern direkte Fragen stellen, und die beiden berichteten dann auch offen.

Was sie erzählten, lag fast sechs Jahre zurück. Die Schwester begann:

«Er war mein jüngster Bruder, achtzehn Jahre alt. Er erschoß sich während eines kurzen Wochenendbesuches bei meinem Freund und mir. Ein paar Monate vorher hatte er es nach harten physischen und psychischen Tests geschafft, eine Ausbildung beim Militär anzufangen, und er war in der Nähe meines Studienorts stationiert. Wir haben immer eine liebevolle und schöne Beziehung zueinander gehabt, unter anderem, weil wir beide die Natur liebten und viel draußen unterwegs waren. An dem Abend kam er spät. Wir waren schon im Bett, wußten nicht, daß er frei hatte. Ich wohnte in einer Studentenwohngemeinschaft und machte ihm ein Bett in einem Zimmer, das in dieser Nacht zufällig frei war. Wir besprachen, daß er am Tag darauf mit uns zusammen Ski laufen kommen sollte. Am Sonntag stand ich ziemlich früh auf und fing an, das Frühstück auf den Tisch zu stellen. Da hörte ich einen dumpfen Laut aus dem Zimmer, wo er schlief. Ich begriff zuerst nicht, was es war, aber als ich die Tür aufmachte, fand ich ihn ... ich konnte nicht glauben, daß er tot war. Ich legte den Kopf auf seine Brust und dachte, daß jemand kommen und ihn retten müßte. Ich atmete den Geruch seiner Kleider ein, und noch heute kann ich in bestimmten Situationen den Geruch spüren, den ich mit ihm verbinde. Der Geruch von Pulver hing im Raum. Dieser Geruch hat mich lange verfolgt, und es dauerte lange, bis ich wieder ein Streichholz anreißen konnte, weil das der gleiche Geruch war. Ich reagiere immer noch auf Pulvergeruch. Wenn sich jemand erschossen hat, dann sind da Dinge, die man nie mehr vergißt. Das Blut und die Hirnmasse . . . und man muß mit jemandem darüber reden. Vielleicht will man die nächsten Familienangehörigen nicht damit belasten. Dann ist es wichtig, Freunde zu haben und andere Menschen, die zuhören können und Geduld haben. Weil ich im Krankenhaus und anderen Pflegeinstitutionen gearbeitet habe, hatte ich schon Tote gesehen. Ich glaube, das hat mir dabei geholfen, dieses Erlebnis zu ertragen. Aber man muß darüber reden, und ich glaube, daß viele Hilfe brauchen, um darüber reden zu können, um es herauszulassen.»

«Sind Sie böse auf ihn, weil er Ihnen das angetan hat? Sich bei Ihnen zu erschießen, und daß Sie ihn danach finden mußten?»

Ich stellte diese Frage, weil andere Hinterbliebene mir von der Wut erzählt hatten, die sie zusätzlich zu der Verzweiflung fühlten.

«Ich fühle keine Wut. Und ich bin froh, daß es meinen Eltern erspart geblieben ist, ihn zu finden, ihn vor sich zu sehen, so wie die Bilder mich verfolgt haben. Ich bin auch froh, daß er es bei einem von uns aus der Familie getan hat. Bei einem von uns, den er lieb hatte. Wir haben uns in unserer Familie immer sehr stark verbunden gefühlt. Wenn ich heute an ihn denke, dann erinnere ich mich vor allem an unsere gemeinsamen Touren. Wir haben phantastische Naturerlebnisse zusammen gehabt, auf dem Meer und auch in den Bergen. So ist er meistens in meiner Erinnerung.»

Hier führte die Mutter den Gedankengang der Tochter fort:

«Ich glaube, ich hätte es nicht ertragen, wenn ich ihn gefunden hätte, und ich habe viel darüber nachgedacht, wie sich meine Tochter gefühlt haben muß. Für mich ist es eine ungeheure Hilfe gewesen, mit ihr sprechen zu können. Stundenlang, jedesmal, wenn wir uns gesehen haben, haben wir geredet und geredet. Über die Zeit davor und alle die Gefühle danach. Ich weiß nicht, wo ich heute wäre, wenn ich nicht die Hilfe und Unterstützung meiner Tochter und zweier Freundinnen gehabt hätte. Die zwei Freundinnen, an die ich dabei denke, waren zu dem Zeitpunkt nicht berufstätig, und sie schenkten mir all die Zeit, die ich brauchte, um zu reden. Es muß alles viele Male gesagt werden, immer wieder kommen neue Details. Alles ist wichtig. Mein Mann und ich haben nie richtig darüber reden können. Wir können Erinnerungen austauschen, aber darüber reden, was konkret damals passiert ist, das tun wir nie. Für ihn ist es sicher am schwersten. Es braucht nicht viel, ihn zum Weinen zu bringen. Dann geht er aus dem Zimmer. Ich glaube, mit der Trauer ist es so, daß jeder Mensch seine Trauer hat, seine ganz ureigene Trauer. Mein Mann hat seine, und ich habe meine; es ist unmöglich, sie zu teilen, indem man miteinander spricht. Die Trauer bleibt dieselbe, und wir müssen sie jeder auf unsere Weise durchleben. Ich habe lernen müssen, daß es große Überwindung kostet, danach im Haus etwas zu verändern. Ich brauchte zwei Jahre, um mich dazu durchzuringen, einen Strauß Heide zu verbrennen, weil ich so ein klares Bild vor mir hatte vom letzten Mal, als er zu Hause war und neben dieser Vase stand, zusammen mit seinen Freunden, und fröhlich war. Jede Veränderung kostet Überwindung. Du stellst nicht einmal einen Stuhl weg. Es soll so bleiben, wie es war.

Auch sein Zimmer willst du nicht verändern. Noch immer habe ich Kleider in seinem Schrank hängen, die ich nicht geschafft habe zu waschen. Sie hängen einfach da. Ab und zu muß ich den Schrank aufmachen und sie anfassen. Aber wenn man es schafft, etwas zu verändern, dann kommt man, glaube ich, einen Schritt weiter. Es kostet viel Kraft, aber ich glaube, man muß es tun, sonst erstarrt die Trauer. Jedesmal, wenn ich es schaffe, etwas im Haus zu verändern, denke ich: jetzt hab ich das getan, und jetzt hab ich es geschafft, das zu tun. Aber es sind immer noch zwei kleine Flecken auf der Tapete, die ich nicht abwische, ich wische um sie herum. Ich habe es nicht über mich gebracht, sie zu entfernen, weil ich weiß, wann sie da hingekommen sind.»

Während wir zu dritt miteinander redeten, wurde mein Blick immer wieder angezogen von einem Bild des Jungen, von dem wir sprachen. Die Mutter hatte ein ziemlich großes Bild von ihm mitgebracht. Ich sah eine große, sportliche Gestalt, die tollkühn von der Mastspitze eines Segelbootes sprang. Die Mutter sagte:

«Er war jemand, der das Leben herausforderte. Er mochte das Risiko, hatte Spaß daran, die Kraft seines Körpers mit den Naturkräften zu messen. Weil er die Natur so liebte, finde ich, er hätte das

Leben eigentlich lieben sollen. Ich habe versucht zu verstehen. Ich bin unzählige Kilometer gelaufen, um nachzudenken, doch am Ende bleibt immer etwas unbeantwortet. Weil er physisch so tollkühn war, glaube ich aber, daß er sich auf einer Gratwanderung zwischen Leben und Tod befand.

Besonders in den letzten Jahren hatte ich mir Sorgen gemacht um ihn. Aber die Intuition einer Mutter ist eine Sache, und man kann sich ja nicht zum voraus denken, daß jemand sich das Leben nimmt. In der letzten Zeit, als er noch lebte, kam er so oft als möglich nach Hause, trotz der langen Reise. Wir merkten, daß ihn etwas quälte, aber wenn wir versuchten, ihn dazu zu bringen, darüber zu reden, dann wich er aus. Aber wir spürten die Verzweiflung, die Enttäuschung und die Resignation. Das Militär nannte er ‹marode›, eine ‹marode Gesellschaft›. In der allerletzten Zeit spürte ich die Unruhe stärker. Ab und zu überfiel mich eine eisige Angst. Als er das letzte Mal zu Hause war, gab er mir beim Abschied einen Extrakuß. Später haben wir verstanden, daß der genaue Zeitpunkt, an dem er sich erschoß, nicht geplant war. Er konnte nicht im voraus wissen, daß er in dem Zimmer dort einen Revolver finden würde. Aber ich glaube, er hatte die Entscheidung getroffen. Es war ein Zufall, daß es genau dann und dort passierte, aber früher oder später wäre es passiert, glaube ich.»

Wir saßen noch ein paar Stunden zusammen und redeten, hauptsächlich über die Trauer, die immer bleiben würde. Die Mutter sagte:

«Ich finde es hart, mit einem Bein in der hektischen Welt zu stehen, einer Welt, die immer so topfit sein will, und mit dem anderen Bein in unserer stillen Welt. Aber ich habe erkannt, daß das etwas ist, womit wir unser Leben lang leben müssen.»

«War es schwer, offen darüber zu reden, daß er sich das Leben genommen hat?»

«Wir hätten sagen können, es war ein Unfall, aber das wollten wir nicht. In dieser Situation fand ich es gut, an einem Ort zu wohnen, wo uns viele kannten. Alle wußten bald, was geschehen war. Als ich danach das erste Mal wieder unter Menschen ging, war ich mit meinen beiden besten Freundinnen zusammen. Es wurde still, als ich kam.»

Die Tochter hatte lange dagesessen und unserem Gespräch zugehört, aber jetzt sagte sie etwas zögernd:

«Wenn ich das Bedürfnis habe, über meinen Bruder zu sprechen und jemandem zu erzählen, daß er sich das Leben genommen hat, dann ist es für mich wichtig, daß ich Zeit haben muß. Ich habe das Gefühl, daß ich Zeit brauche, um die anderen mit unserer Familie vertraut zu machen, damit sie es akzeptieren können. Dann habe ich keine Angst zu sagen, daß er sich das Leben genommen hat. Ich finde es richtig, diese Worte zu benutzen, sich das Leben nehmen, es nicht zu verdecken . . . Es kommt auch vor, daß ich das Gefühl habe: Es geht mir gut, aber ich möchte jetzt gern darüber reden, weil das wichtig ist für mich.»

Mehrere Monate später besuchte ich die Familie an ihrem Wohnort. Auf dem Flug dorthin dachte ich darüber nach, was ich über sie wußte, und versuchte mir ein Bild der Familie und des Ortes, den ich besuchen sollte, zu machen. Diesmal würde ich auch den Vater des Jungen kennenlernen. Das war einer der Gründe, warum ich die lange Reise unternahm. Die Mutter hatte angerufen und gesagt:

«Mein Mann möchte Sie auch gerne kennenlernen. Können Sie uns nicht besuchen kommen? Es wäre schön, gemeinsam mit Ihnen zu reden.»

Bei unserem Gespräch am ersten Abend saßen wir in der hellen, geräumigen Küche. Durch das große Fenster konnte ich Teile des Friedhofs sehen, der weniger als hundert Meter entfernt war. Die weiße Holzkirche lag nah am Wasser. Wie bei etlichen anderen Kirchen hatte man in früherer Zeit diesen Standort gewählt, weil viele Kirchgänger mit dem Ruderboot zur Kirche kamen. Ich wußte, daß der jüngste Sohn dort begraben lag, nicht weit vom Wasser entfernt. Die Mutter folgte meinem Blick und sagte:

«Es tat weh, dort hinüberzusehen, besonders in der ersten Zeit. Wir verbrennen unsere Toten nicht. Der Ort ist zu klein, um ein Krematorium zu haben. In den ersten Jahren waren meine Gedanken oft bei ihm im Grab.»

«Welche Art von Hilfe wünschten Sie sich in den ersten Jahren?» fragte ich. «Andere haben mir erzählt, daß sie sich ein paar Stunden bei einem Psychologen oder Psychiater gewünscht hätten, danach.»

Es war der Vater, der meine Frage beantwortete:

«Ich glaube nicht, daß sich Trauer in zeitlich festgelegten Gesprächen behandeln läßt. Ich glaube, die beste Hilfe bekommt man von denen, die selbst Trauer erfahren haben. Wir dachten nur daran, jemanden zu finden, der dasselbe erlebt hatte, und mit ihm zu reden.»

«Es gibt Zurückbleibende, die es schwierig finden, dem Toten zu verzeihen», fuhr ich fort, «weil die Tat ihnen so große Trauer bereitet.»

Auch dieses Mal antwortete der Vater. Nachdenklich sagte er:

«Ich glaube nicht, daß ich das Wort verzeihen benutzen würde. Ich finde es in diesem Zusammenhang irreführend. Ich glaube, ich würde sagen, daß ich ihn verstehe.»

In dem Sinne, daß Sie es akzeptieren, dachte ich. Und akzeptieren beinhaltet Liebe.

Ich betrachtete die Eltern und spürte, daß die Tat des Sohnes nicht gegen sie gerichtet war, aber ich glaube trotzdem, daß sie sich immer fragen werden, was es war, das sie nicht verstanden haben. Und was sie für ihn hätten anders machen können.

Viel später während des Gesprächs formulierte die Mutter eine Erkenntnis, die, wie ich glaube, Trost enthält.

«Ich habe entdeckt, daß ich heute Dinge tue, die ich nie getan hätte, wenn das nicht geschehen wäre. Es ist mehrmals vorgekommen, daß ich mich für Sachen geöffnet habe, die früher für mich undenkbar gewesen wären.»

Am Nachmittag des darauffolgenden Tages gingen wir auf den Friedhof. Ich wollte gern das Grab sehen. Sie hatten mir von dem Grabstein erzählt, den sie gewählt hatten: «Ein Stein, innen weich, aber außen hart und kantig, geschliffen durch die Wellen am Meeresufer.» Das waren die Worte des Vaters, während die Mutter sagte:

«Wir fanden den Stein an einem Strand, wo die Kinder oft gespielt hatten, als sie klein waren. Sicher haben viele Kinderfüße daraufgetreten. Auch er ist im Spiel darübergelaufen.»

«Eine Verbindung zu einer glücklichen Kindheit?»

Ich weiß nicht mehr, ob ich die Worte dachte oder ob jemand von uns sie aussprach.

Ich hatte eine Tochter

Die Mutter, die das sagte, benutzte ein Bild, um das Erlebnis vom Schock zu vermitteln. Sie sah sich selbst von außen – erlebte sich in zwei Situationen. Ein Teil von ihr versuchte, sich in die Zukunft hineinzudenken, während der andere Teil unbarmherzig präsent war in einer unfaßbaren und sinnlosen Wirklichkeit. Ihre Tochter hatte sich nur ein paar Stunden zuvor erschossen.

«Ich versuchte mir vorzustellen, wie es mir in zwei Jahren gehen würde. Ich dachte, daß dann die Trauer vielleicht ein wenig weiter weg gerückt wäre. Gleichzeitig tat der Gedanke auch weh, weil er mich von meiner Tochter und allen Erinnerungen an sie entfernte. Ich hörte mich selbst sagen: ‹In zwei Jahren werde ich sagen: Ich hatte einmal eine Tochter!›»

Es waren mehrere Jahre vergangen, als die Mutter mir diese Geschichte erzählte. Vieles war ferner gerückt, aber immer noch konnte die Trauer phasenweise genauso nah sein wie am Anfang.

Bevor ich die Mutter traf, hatte ich durch einen Lehrer an der Schule der Tochter Bruchstücke des Geschehens erfahren, so wie die Umgebung oft von einem tragischen Ereignis erfährt. Die Tochter war eine beliebte Schülerin gewesen, sowohl Lehrer als auch Mitschüler mochten sie gern. Ihre vielseitigen Interessen verschafften ihr einen großen Freundeskreis. Eine Zeitlang hatte sie in einem anderen Teil des Landes gewohnt, bei ihrem Vater. Aber jetzt wollte sie zurück. Sie hatte einen Freund: «War Liebeskummer die Ursache?» Dem Suizid folgten hilfloses Raten und Fragen. In der Schule ging das Ereignis allen, die sie gekannt hatten, sehr nahe. Sie konnten nicht verstehen, warum gerade sie nicht leben wollte.

Die Mutter sagte:

«Es war ein Schock für uns alle. Es gibt keine einfachen Erklärungen. Für uns zu Hause war sie ein phantastisches Mädchen. Sie hatte einen Freund, der sie lieb hatte, und sie hatte ihn lieb. Sie liebte Tiere und stellte sich vor, mit Tieren zu arbeiten. Sie liebte die Natur, war viel draußen im

Wald und in den Bergen, mit Freunden und auch mit mir. In der letzten Zeit vor ihrem Tod war sie phasenweise deprimiert. Sie sprach darüber, wollte auch gern auf dem Gymnasium eine Pause einlegen, sagte, sie sei die Schule leid. Aber sie sagte weder mir noch ihrem Freund, wie unglaublich verzweifelt sie sich gefühlt haben muß.»

Am letzten Abend hatten Mutter und Tochter lange miteinander geredet. Die Tochter hatte Angst, war verzweifelt und tief traurig. Wußte nicht, warum. Die Vorstellung, weiter in die Schule zu gehen, schien sinnlos. Sollte sie ein Jahr arbeiten? Die Mutter unterstützte sie und sagte, ein freies Jahr könnte vielleicht gut sein. Fragte sich dann, ob die Unsicherheit in bezug auf diese Entscheidung etwas mit der Traurigkeit der Tochter zu tun hatte.

«Wir waren einander sehr nah an dem Abend. Es wurde spät. Wir hatten lange geredet, weil sie es brauchte.»

Der Schuß aus dem Zimmer der Tochter weckte die Mutter. Draußen war Herbst. Ein neuer Tag hatte kaum begonnen. Die Tochter hatte das Jagdgewehr des Bruders genommen.

Es war fast fünf Jahre her, daß ich mit der Mutter gesprochen hatte. Ich hatte mich über Bekannte an sie gewendet und gefragt, ob ich sie interviewen dürfte. Ob sie mir vom Suizid der Tochter und der Zeit danach erzählen würde?

Das Haus lag eine Autostunde von der Stadt entfernt. Es war ein warmer, heller Frühlingstag, ein Sonntag. In den Gärten, an denen ich vorüberfuhr, sah ich Kinder, zusammen mit Erwachsenen und allein, beim Spiel und im Gespräch. Es war einer jener Tage, an denen man die Verandatüren weit aufmacht, wo es wunderbar ist, daran zu denken, daß bald der Sommer kommt. Ein Tag, an dem es schön ist, jemanden zu lieben.

Die Mutter war allein, als ich kam. Sie lebte zusammen mit ihrem Sohn, der an dem Vormittag nicht zu Hause war. Auch hier stand die Verandatür offen. Wir verweilten einen Moment in der Tür, und da erzählte sie mir von der Liebe und Fürsorge der Tochter für alles, was wuchs und sich bewegte:

«Sie hatte eine gute Hand mit Tieren. Sie hatte ein eigenes Pferd, das sie liebte, und jobbte extra, um es halten zu können. Es forderte viel Arbeit, und der Weg zum Stall war weit. Während der letzten Zeit wurde ihr auch diese Verantwortung zuviel.»

Wir setzten uns, und sie fing mit ihrem Bericht an.

«Es war gegen fünf Uhr morgens, als ich von dem Schuß geweckt wurde. Der Schock war unfaßbar. Ich schrie und jammerte. Es war, als sei mein ganzer Körper voller Blei. Ich fühlte mich so schwer, daß ich fast nicht die Treppe hinaufgehen konnte. Ich war wie eine einzige große Wunde. Gleichzeitig wußte ich, daß ich es durchstehen mußte, denn ich mußte überleben. Ich hatte ja noch ein Kind. Als ich sie fand, hätte ich mich am liebsten über sie geworfen und sie in die Arme genommen, aber ich besann mich. Intuitiv begriff ich, daß ich das nicht tun durfte. Ich rief den Rettungswagen, der sofort kam und dann die Polizei rief. Sie sagten, es sei richtig gewesen, daß ich sie nicht angerührt hatte. Weil es Selbsttötung war, mußte auch die Kripo gerufen werden, und niemand durfte etwas anrühren, bevor sie ihre Untersuchungen gemacht hatten. Das Gewehr lag ja da, und sie mußten nach Fingerabdrücken und solchen Sachen suchen. Es dauerte mehrere Stunden, bis die Kripo mit ihren Untersuchungen fertig war, und in diesen Stunden dachte ich nur an eins. Ich wollte so gern mein kleines Mädchen in die Arme nehmen ... Als sie endlich fertig waren und die Sanitäter sie raustrugen, sah ich nur ein blutiges kleines Bündel auf der Bahre. Ich fragte, ob sie schlimm zugerichtet sei. Als ich sie fand, hatte ich sie nicht genau gesehen, ich sah nur die Wunde und das wallende Haar, das darüberlag. Die Sanitäter erzählten mir, daß sie übel zugerichtet sei, und da brachte ich es nicht über mich, das Laken zur Seite zu ziehen, um sie zum letztenmal zu sehen. Ich hatte Angst, daß das Bild mich für den Rest meines Lebens verfolgen würde.

Das war im Herbst, und der Boden war schon gefroren, so daß ich nicht vor dem Mai des nächsten Jahres eine Grabstelle bekam. Die ganze Zeit sehnte ich den Tag herbei, wo ich die Urne halten und an mich drücken konnte. Das tat ich dann auch, weil ich es ja nicht gewagt hatte, meine Tochter in den Arm zu nehmen, nachdem sie tot war.

Ich möchte etwas erzählen, das vielleicht schwer zu verstehen ist, aber ich habe ein kleines Stück von ihr, ein Stück vom Stirnbein, vom Schläfenbein, das ich unter einem Bücherregal in ihrem Zimmer fand. Ich brachte es nicht über mich, es wegzuwerfen, als ich es fand. Es ist mir das Liebste, was ich besitze, und ich werde es mit ins Grab nehmen . . . Es gibt viele Dinge, an die man sonst nicht denkt, die in einer solchen Situation schwierig sind, und ich muß sagen, die Leute vom Rettungsdienst waren phantastisch. Sie holten Eimer, Schrubber, Scheuerlappen und -pulver und beseitigten die schlimmsten Spuren in ihrem Zimmer. Später, nach einiger Zeit, schaffte ich es selbst, den Rest in Ordnung zu bringen, und da hab ich dann das kleine Stück des Schläfenbeins gefunden.

Ich habe nie daran gedacht, zu verheimlichen, daß sie sich das Leben genommen hat. Für mich war es gut, offen darüber zu sprechen. Ich habe dazu Freunde, Familie, Nachbarn und Kollegen benutzt. Ich wußte, daß sie meine Probleme nicht lösen konnten, aber sie hörten zu. Am ersten Tag, als ich nach dem Tod meiner Tochter wieder arbeitete, erzählte ich es meiner Abteilungsleiterin und bat sie, es auch den anderen zu sagen. Ich wollte, daß sie wußten, was passiert war, und so bin ich um Heimlichtuerei und Klatsch herumgekommen. Man ist so empfindlich, wenn man in solch einer Trauer lebt. Man hat so empfindsam geschärfte Sinne, daß man fast fühlen und sehen kann, was andere Menschen denken, finde ich. Deshalb ist es auch so wichtig, wie die Menschen einem begegnen. Für mich war es hilfreich, daß ich eine Arbeit hatte, wo ich mich zusammenreißen und mit Leuten reden mußte. Ich muß bei meiner Arbeit viele Telefonate führen, und schon am ersten Tag, als ich wieder da war und mit einem fremden Menschen telefonierte, merkte ich, wie sich die Muskeln um den Kiefer und im Bauch entspannten. Es war eine Art Erholung von der konstanten Anspannung, weil ich an etwas anderes denken mußte.

Und mit der Zeit wurden die Perioden, in denen ich die Gedanken an meine Tochter abschalten konnte, immer länger. Mit den Monaten, die vergingen, lernte ich, sie zu sammeln und alles herauszuweinen, wenn ich allein war. Heulen, schreien, kreischen, das hab ich an einer stark befahrenen Straße gemacht, wo Lastwagen und laute Autos zur Hauptverkehrszeit in der Dunkelheit vorbeirauschten. Das habe ich mehrere Jahre lang getan.

Die Trauer ist immer in dir, in allen Situationen. Du versteckst sie ein wenig, aber sie ist da. Und du kannst mit ihr leben. Es ist wichtig, nicht in Selbstmitleid zu versinken. Ich sage mir: ‹Sie war es doch, die einem leid tun mußte, und sie leidet nicht mehr.› Ich versuche mich damit zu trösten, aber es quält mich, daran zu denken, was sie in der Nacht, bevor sie starb, gelitten haben muß, alle Gedanken und die Verzweiflung, die sie da gefühlt haben muß. Ich hoffe, daß sie ruhig war, als sie die letzte Entscheidung traf.

Jedesmal wenn ich darüber gesprochen, die Wunde wieder aufgerissen habe, war es hinterher eine Hilfe. Es war furchtbar, während ich erzählte, dann hab ich mich vollkommen leer gefühlt, und danach kam für eine gewisse Zeit eine Ruhe. Solche Phasen hat es viele gegeben. Ich glaube, ich werde nie mehr richtig glücklich sein können, aber ich kann einigermaßen glücklich sein.»

Es war schwer, den Gedanken an die tote Tochter loszuwerden, als ich ein paar Stunden später nach Hause fuhr. Auch das Bild der Mutter, während sie erzählte, hatte sich mir tief eingeprägt. Kurz bevor ich ging, hatte sie gesagt:

«Ich weiß, daß mich meine Tochter sehr geliebt hat, aber ich glaube, in der konkreten Situation können Menschen mit Suizidabsichten meist gar nicht daran denken, daß sie denen, die ihnen am nächsten stehen, weh tun. Sie können ihren eigenen Wert nicht fühlen, und wie wertvoll sie für die sind, die sie lieben. Hätte sie gewußt, wie sehr wir trauern, dann hätte sie es nicht fertiggebracht. Davon bin ich überzeugt.»

Er war ein Mensch, der alles ernst nahm

Durch dieselbe Mutter sollte ich ein paar Wochen später ein Ehepaar kennenlernen, das auch
einen jungen Menschen verloren hatte, und
zwar ihren Sohn. Die beiden jungen Leute waren auf dieselbe Schule gegangen, und der Suizid der jungen Frau hatte bei dem gleichaltrigen
Schulkameraden seine Spuren hinterlassen. Es
war schwer, zwischen den beiden Fällen eine
Verbindung herzustellen, aber beide Familien
hatten in der Zeit danach eingesehen, daß die
Wahl der jungen Frau möglicherweise auf die
endgültige Entscheidung des jungen Mannes
einen gewissen Einfluß hatte. Und das, obwohl
die beiden jungen Leute nicht viel Umgang miteinander gehabt hatten. In den Aufzeichnungen,
die die Eltern fanden, nachdem der junge Mann

sich erschossen hatte, konnten sie lesen, daß er sich eine Frist gesetzt hatte.

Zwei junge, suchende Menschen, die von den anderen als positiv erlebt wurden, schafften es nicht mehr, zu leben. Warum? Die Eltern der beiden sprachen miteinander, nicht weil sie glaubten, eine endgültige Erklärung finden zu können, sondern um einander zuzuhören.

Die Eltern des Jungen sagten über ihren Sohn: «Er war ein Mensch, der alles ernst nahm.»

Sie erzählten von einem aktiven, sowohl in der Schule als auch in der Gesellschaft engagierten Jungen. Zu seinen Eltern hatte er eine enge und schöne Beziehung gehabt. Das hatte er der Mutter, ein paar Wochen, bevor er sich erschoß, zu verstehen gegeben. An dem Nachmittag, als sie nach Hause kam und ihn fand, dachte sie daran.

«Später wurde mir klar, daß er bewußt dieses Gespräch gesucht hatte, um uns von der Schuld zu befreien. Damals, als wir miteinander sprachen, gab es mir nur ein schönes warmes Gefühl, später war es die Grundlage dafür, daß wir die Situation akzeptieren lernten, in der wir uns befanden, nachdem er sich erschossen hatte.»

Es war für sie völlig unerwartet gekommen, und sie hatten das Gefühl, überhaupt keine Signale dafür erhalten zu haben, daß die Gedanken, mit denen er kämpfte, dazu führen sollten, daß er sich das Leben nahm. Zwei Tage bevor er sich erschoß, hatte er mit dem Vater abgemacht, daß dieser ihn zu einer Probe der Band, in der er spielte, fahren sollte. Das sollte an einem Samstag geschehen. Am Tag davor, am Freitag, erschoß er sich. Gleichzeitig erfuhren sie aus den Papieren, die sie nach seinem Tod fanden, daß er sich schon vorher eine Frist gesetzt hatte. Er hatte also eine Verabredung für den Tag nach dem Suizid getroffen.

«Unser erster Impuls war, einfach zu verbergen, daß er sich das Leben genommen hatte», sagte die Mutter. «Aber wir kamen zu dem Schluß, daß es eine Frage von Ehrlichkeit war. Zu allen Zeiten hat es ja Menschen gegeben, die gewählt haben, sich das Leben zu nehmen, und es wäre leichter für die, die zurückbleiben, wenn die Gesellschaft eine solche Entscheidung nicht verurteilen würde. Und Verurteilung und Schamgefühl sind schwer zu vermeiden, wenn man nicht offen darüber spricht. Wir entdeckten dann auch, daß es keine Lösung war, nach einfachen, äußerlichen Erklärungen zu suchen. Eine Zeitlang überlegten wir, ob wir Bekannte und Freunde aufsuchen sollten, um zu fragen, ob sie wüßten, was der Grund war. Aber wir sahen bald ein, daß es nicht nur eine Ursache dafür gab, daß er sich entschieden hatte, nicht mehr leben zu wollen. Es geschehen so viele Dinge im Leben eines Menschen, die einen Teil seines Daseins ausmachen. Für uns, die wir zurückbleiben, hat es keinen Zweck, zu suchen . . . Ist *das* die Erklärung? Liegt die Schuld *hier* oder *dort*? Sollte man überhaupt irgendwo eine Schuld suchen wollen, oder müssen wir nicht einfach die Tatsache akzeptieren, daß wir danach allein mit unserem Leben fertig werden müssen?»

«Wir kamen auch zu dem Schluß, daß es nicht richtig von uns gewesen wäre, die Beerdigung in aller Stille zu begehen», fuhr der Vater fort. «Er hatte einen großen Bekanntenkreis, und es wäre falsch gewesen, es für uns zu behalten. Durch sein Engagement in der Gesellschaft um ihn herum hatte er sich auch mit der christlichen Kirche auseinandergesetzt, und er hatte sich entschieden, aus der Staatskirche auszutreten. Wir standen also vor der praktischen Frage, wie wir die Beerdigung organisieren sollten. Schließlich hielt ich eine Rede für ihn. Es kam eine überwältigende Menge Menschen zur Beerdigung, nicht zuletzt seine jungen Freunde. Er muß wohl einen starken Eindruck gemacht haben.»

Das erste Gefühl war Erleichterung

Als ich die ersten Male Hinterbliebene in Zusammenhang mit einem Suizid von Erleichterung sprechen hörte und davon, daß der Suizid für sie eine hoffnungslose und verzweifelte Situation verändert hätte, reagierte ich mit Verwirrung und einer Art Schuldgefühl, stellvertretend für die Betroffenen. Ich dachte: Wie kann man so etwas sagen. Nach und nach wurde mir klar, daß die meisten von uns dem Vorurteil zum Opfer fallen, daß Trauer keine Erleichterung beinhalten kann. Und ich begriff, daß manche bewußt über dieses Gefühl sprachen, gerade um solchen Vorurteilen entgegenzuwirken.

Eine Mutter, die ich kennenlernte, wußte viel über Trauerreaktionen und all die verbotenen Gefühle, die sie mit sich bringen. Sie arbeitete in der Kinder- und Jugendpsychiatrie, und als ihr Sohn ernsthaft krank wurde, hatte sie auch fachliche Voraussetzungen, um zu begreifen, wie wichtig eine angemessene Therapie für ihn war.

Die Krankheit hatte sich über längere Zeit entwickelt. Die Depressionen wurden immer schwerer, aber es war nicht leicht zu verstehen, warum. Es gab in der Familie Fälle von Geisteskrankheit und Suizid. War er erblich vorbelastet?

Die Gedanken des jungen Mannes drehten sich in den letzten Monaten oft um das Thema Freitod. Als er sich erschoß, einundzwanzig Jahre alt, war die Mutter nicht ganz unvorbereitet. Sie hatte ihn oft sagen hören, daß er es nicht mehr aushielt zu leben.

«Er sprach so oft davon, daß er sich das Leben nehmen wollte, daß ich ihn schließlich bitten mußte, es nicht laut im Beisein seiner jüngeren Schwester zu sagen. Sie wußte ja, daß er krank und traurig war, und sie tat, was sie konnte, um ihn aufzumuntern, aber sie wurde unsicher und ängstlich, weil er soviel davon sprach, daß er es nicht mehr ertrug zu leben.»

Die Familie wird nie eine klare und eindeutige Antwort bekommen, welches psychische Leiden sich bei dem Jungen entwickelt hatte. Die Mutter begriff, daß er ernstlich krank war, und sie hatte

Angst um ihn, auch als seine Therapeuten meinten, daß er keine kontinuierliche Behandlung brauche in der Phase, in der er sich befand:

«Ich habe durch das, was mit meinem Sohn geschah, die Erfahrung gemacht, daß der therapeutische Apparat schlecht darauf vorbereitet ist, sich um junge Menschen zu kümmern, die Schwierigkeiten haben in den Jahren, in denen sie beginnen sollen, ihr Leben selbst zu gestalten. Ich glaube, so wie mein Sohn empfangen wurde, werden viele vom therapeutischen System empfangen. Es ist möglich und sehr wahrscheinlich, daß mein Junge dabei war, eine schwere Geisteskrankheit zu entwickeln. Das hätten die, die ihn behandelten, begreifen müssen. Sie hätten auch dafür sorgen müssen, daß er von einem Netz von Fachleuten aufgefangen worden wäre, das ihn betreute und ihm half. Wenn ich das sage, dann nicht, weil ich meine, daß es falsch war, was passiert ist. Es ist denkbar, daß mein Sohn eine Wahl getroffen hat, die für *ihn* die richtige war. Darauf werden wir nie eine Antwort bekommen. Aber ich weiß, daß junge Menschen in einer depressiven Phase ihres Lebens dasselbe aus reiner Verzweiflung tun und daß sie, wenn sie Hilfe bekommen hätten, die schlimme Zeit zu überstehen, funktionstüchtige Menschen hätten werden können.»

Ich fragte sie: «Andere Eltern, die ein Kind verloren haben, haben mir erzählt, daß ihre erste Reaktion auf den Suizid ein intensives Bedürfnis nach Nähe zu dem Toten gewesen ist. Was war Ihre Reaktion?»

«Das erste Gefühl, das ich hatte, als sein Vater anrief und erzählte, daß sie ihn gefunden hatten, war Erleichterung. Ich fühlte, daß es gut war, daß er endlich Frieden gefunden hatte. In all den Monaten seiner Krankheit hatte ich gesehen, wie er litt, und sein Kind so furchtbar leiden zu sehen, tut unendlich weh. Es ist wohl immer so, daß wir uns wünschen, unseren Kindern die Lasten abnehmen zu können, und weil er so lange so gelitten hatte, empfand ich Erleichterung.

Aber als ich hörte, daß er sich mit meiner Jagdpistole erschossen hatte, wurde ich böse. Ich dachte: ‹Warum mußtest du das tun? Warum mußtest du dich mit meiner Pistole erschießen?› Aber dann dachte ich daran, daß dies auf jeden Fall eine Waffe war, die er kannte und mit der er umgehen konnte, und wenn er sich erst einmal entschlossen hatte, es zu tun, dann war ich auch froh, daß er es geschafft hatte.

Nun war es aber so, daß die Polizei sich an mich wandte, da eine Pistole im Spiel war. Es war die Rede davon, daß es eine Untersuchung des

Falles geben würde. Ich muß sagen, daß ich das als völlig sinnlos erlebte. Aber als wir die Briefe fanden, die er sowohl an seine Freundin als auch an uns Eltern geschrieben hatte, und die Polizei sie sah, war klar, daß eine Untersuchung unnötig war.

Als ich zur Polizei fuhr, um die Waffe abzuholen, begegnete man mir mit Mitgefühl und Wärme, und es wurde mir auch angeboten, mich zu der Stelle zu begleiten, an der er sich erschossen hatte. Ich hatte das Bedürfnis, den Ort zu sehen, wo er sich von der Welt verabschiedet hatte, und sie so vor Augen zu haben, wie er sie zum letztenmal gesehen hatte. Ich hatte auch ein starkes Bedürfnis, mich von ihm zu verabschieden. Eine Freundin begleitete mich zum Krankenhaus. Obwohl es schrecklich war, ihn anzuschauen, war es wichtig für mich, weil ich glaube, ich wäre nicht in der Lage gewesen, mich von dem, was geschehen war, zu distanzieren, wenn ich mich nicht von ihm hätte verabschieden dürfen, als er tot war. Er hatte im Tod eine Ruhe gefunden, wie ich es mir erhofft hatte.

Durch meine Arbeit weiß ich, daß man, wenn etwas so Tragisches geschieht, das Recht hat, alle möglichen Gefühle zu haben. Die Gedanken kommen oft vollkommen chaotisch, und es gibt keine Gedanken und Gefühle, die verboten sind. Man muß sich das erlauben. Wenn man auch noch die Möglichkeit hat, seine Gefühle mit engen Freunden oder Menschen, zu denen man Vertrauen hat, zu teilen, glaube ich, ist es leichter, seine Trauer zu verarbeiten.

Für mich war es gut, daß Freunde kamen, anriefen, Blumen schickten und mir mit praktischen Dingen halfen. Eine Freundin begleitete mich in die Stadt und half uns, Kleider auszusuchen, die meine Tochter zur Beerdigung anziehen konnte. Eine andere kam und machte den Abwasch, kochte Essen, war viele Stunden am Stück einfach da. Und ich hatte die Zeit, die ich brauchte, um zu sprechen, meine Gefühle auszuleben, zusammen mit Menschen, die meinen Sohn auch gekannt hatten.

Seine Freunde kamen zu uns nach Hause, und seine Freundin wohnte in den ersten Tagen fast bei uns. So konnten wir alle auch die bösen Gefühle teilen, die immer kommen nach einem solchen Erlebnis, und wir konnten uns gemeinsam von ihm verabschieden. Aber ich weiß, daß viele negativ darauf reagierten, daß wir eine Beerdigung haben wollten, und nicht zuletzt darauf, daß wir nach der Beerdigung zusammensein wollten. Ich entdeckte, daß es immer noch viele

Menschen gibt, die glauben, daß die Kirche die Selbsttötung verurteilt. Vielleicht sollte die Kirche selbst aktiver daran arbeiten, von der Lehre, die sie in früheren Zeiten praktizierte, Abstand zu nehmen. Damals, als der Freitod verurteilt wurde und Menschen, die sich das Leben genommen hatten, außerhalb der Friedhofsmauern beerdigt wurden. Auch im christlichen Milieu geschehen schließlich Suizide, und Verurteilung führt meiner Ansicht nach leicht dazu, daß die Zurückbleibenden den Suizid als Strafe erleben, mit all den zerstörerischen Folgen, die das für sie haben kann. Was meinen Sohn angeht, so weiß ich, daß er sich in einer sehr depressiven Phase auch an einen Pfarrer gewandt hat und daß diese Gespräche sehr wichtig für ihn waren.»

«Könnte Ihr Sohn heute noch leben? Wäre es zu verhindern gewesen, daß er sich das Leben nahm?»

«Ich glaube, daß sich alle das fragen in einer solchen Situation. Was meinen Sohn angeht, ist es möglich, daß es genau da und dort, wo es passierte, hätte verhindert werden können. Aber so, wie ich ihn kannte, glaube ich, daß er sich entschieden hatte und daß es keinen Weg zurück gab. Deshalb glaube ich nicht, daß es für ihn hätte verhindert werden können.

Es ist noch kein Jahr seitdem vergangen, und ich fühle mich oft verletzbar und wehmütig. Ich habe Phasen, in denen ich ganz unten bin, aber trotz alledem kann ich auch Respekt empfinden vor seiner Entscheidung und seinem Mut. Ich glaube, die Tatsache, daß ich die Zeit hatte, die Entwicklung seiner Krankheit mitzuerleben, zu sehen, wie schmerzvoll es war, hat dazu geführt, daß ich mit dem Verlust leichter weiterleben kann. Ich hatte es auf verschiedene Weise viele Monate lang vor mir gesehen, und als es passierte, hatte ich schon einen Teil der Trauerarbeit hinter mir, glaube ich.»

Ich werde nie verstehen, daß er imstande war, seine Kinder zu verlassen

Eine Erklärung dafür, daß wir wenig über die Situation der Zurückbleibenden nach einem Suizid sprechen, kann die Furcht sein, bei Menschen, die sich in einer Krise befinden, einen Suizid auszulösen. Aber vielleicht ist es eher so, daß das Gespräch mit den Hinterbliebenen, das Teilhaben an ihren Erfahrungen aus dem Zusammenleben mit Menschen, die sich in einem Grenzbereich befunden haben, uns gerade helfen kann, Suizide zu verstehen und vielleicht auch, ihnen vorzubeugen. Es ist wichtig, die weitverbreiteten falschen Vorstellungen aus der Welt zu schaffen, die dazu führen, daß das Sprechen über die negativen und wütenden Gefühle nach einem Suizid mit übler Nachrede verwechselt wird. Trauer, die auch aus Verzweiflung, Wut und Scham besteht, kann leicht mit Verurteilung verwechselt werden.

Während der Arbeit an diesem Buch habe ich gelernt, daß es wichtig ist, sich auch den negativen und schwierigen Gefühlen zu nähern, die nach einem Suizid aufkommen können, und daß offenes Sprechen der Zurückbleibenden über ihre Erfahrungen und Gefühle unsere Fähigkeit stärkt, Toleranz zu zeigen. Sich durch die Bitterkeit hindurchzuarbeiten, um wenn möglich zu verstehen und schließlich zu akzeptieren, was passiert ist und daß man damit leben muß, das kann ein Weg sein, um nach einem solchen Schicksalsschlag Freude und Lebenskraft wiederzugewinnen. Und daß Bitterkeit oft mit Wut verwandt ist und daß man sich durch sie hindurcharbeiten muß, um nicht im Selbstmitleid gefangen zu werden.

Ein Vater, mit dem ich sprach, sagte: «Trauer riecht man förmlich!»

Als ich die Gefühle und Gedanken der Zurückbleibenden niederschrieb, habe ich oft gedacht: Die Trauer ist die gleiche, auch wenn ihre Geschichten sich unterscheiden.

Die Geschichte der Frau, von der ich jetzt erzählen will, unterscheidet sich von anderen besonders darin, daß ihr Mann drei Monate lang als vermißt gemeldet war, bevor er gefunden wurde. Obwohl sie fast von der ersten Minute an insgeheim wußte, daß er nie wiederkommen würde, waren um sie herum viele, die sagten: «Vielleicht kommt er ja zurück?» Die lange Ungewißheit bestimmte sowohl ihre Trauerreaktion als auch die der Kinder.

«Ich werde nie verstehen, daß er imstande war, seine Kinder zu verlassen.»

Als sie diese Worte sagte, brachte sie zum Ausdruck, was viele denken: Wie kann sich ein Vater oder eine Mutter das Leben nehmen, wenn sie wissen, daß ihre Kinder sie brauchen?

Liegen die Antworten in einem Grenzbereich, zu dem wir keinen Zugang haben, oder kann es helfen, Menschen für ihr Tun zur Verantwortung zu ziehen? Hilft es uns, zu sagen: «Es steht dir frei, dir selbst zu schaden, aber nicht anderen»?

Dieser Familienvater war verschwunden, als die übrige Familie an einem Wintermorgen aufwachte. Bevor er verschwand, hatten sie alle monatelang Verwirrung empfunden und die Unsicherheit unterdrückt, die sich einem aufdrängt, wenn man weiß, daß etwas nicht stimmt, man es aber nicht in Worte fassen kann. Die Frau erzählte von ihrem Schwanken zwischen Hoffnung und Furcht, das häufig der schleichenden Erkenntnis folgt, daß der Mensch, den man liebt, ernstlich krank ist.

«Ich wußte, daß er vor vielen Jahren, bevor wir uns kennenlernten, krank gewesen war. Und daß damals die Diagnose ‹manisch-depressiv› gestellt worden war. Aber ich hatte während der Zeit unserer Ehe nie etwas gemerkt und wußte wenig darüber, wie diese Krankheit sich äußert. Und ich glaube, daß es lange dauert, bevor wir bei Menschen, die wir lieben, Veränderungen registrieren und begreifen, was eine Geisteskrankheit ist.»

Erst nachdem er verschwunden war, wurde ihr klar, daß die Krankheit sich unter anderem darin geäußert hatte, daß er sie isolierte, sie von Freunden und gemeinsamen Bekannten fernhielt. In der Zeit vor dem Zusammenbruch hatte er auch ständig neue Projekte in Angriff genommen, oft den Standpunkt gewechselt und seine Umgebung einer manischen Aktivität ausgesetzt.

«Monate voller Unruhe, Verwirrung und gebrochenem Selbstbewußtsein gingen dem letzten Abend voraus, an dem ich endlich begriff, daß er krank war und Hilfe brauchte.»

Sie verabredeten, daß er schon am nächsten Tag Kontakt mit einem Psychiater aufnehmen sollte. Es war für sie alle ein schrecklicher Abend gewesen, nicht zuletzt für die Kinder.

«Kinder erspüren ja so leicht die Gefühle der Erwachsenen», sagte sie. «Sie hatten sicher längst begriffen, daß etwas nicht stimmte. In der letzten Zeit hatten sie oft Angst vor ihm, zogen sich oft zurück. Und am allerletzten Abend saß unsere älteste Tochter auf seinem Schoß und weinte, weil sie merkte, daß Papa traurig war und sie ihn nicht trösten konnte.

Als ich am nächsten Morgen aufwachte und er nicht in seinem Bett lag, wußte ich intuitiv, daß er für immer gegangen war. Er hatte mir nichts geschrieben, aber auf dem Wohnzimmertisch hatte er mir die Lebensversicherungspolice hingelegt.

Es wurde ziemlich schnell eine Suchaktion gestartet. Das Rote Kreuz und die Polizei suchten zusammen mit unseren Freunden, Nachbarn und seinen Kollegen, ohne Ergebnis. Es war kalt in der Nacht, als er verschwand, und starker Schneefall erschwerte die Sucharbeiten sehr. Schließlich mußten sie sie einstellen, obwohl wir die ganze Zeit fragten: ‹Wo ist er und was ist passiert?›

Ich fühlte Trauer, Wut und Bitterkeit und eine Art von Erleichterung. Die Erleichterung hatte damit zu tun, daß endlich etwas geschehen war, und in den ersten Tagen konzentrierte ich all meine Gefühle auf das Praktische, nämlich die Suchaktion, und auf meine Kinder, die mich brauchten. Das gab mir auch Kraft. Nach und nach wurde mir klar, daß die verwirrende Zeit, in der die Krankheit meines Mannes sich entwickelt hatte, mich völlig fertiggemacht hatte. Und daß ich eine Erleichterung fühlte, weil eine Veränderung eingetreten war, als er verschwand. Es war eine unglaubliche Hilfe für mich, als ein Freund der Familie das verstand und mit mir über dieses ambivalente Gefühl sprach. Er sagte: ‹Du brauchst kein schlechtes Gewissen zu haben, wenn du auch Erleichterung empfindest. Erleichterung, weil etwas passiert ist.›

Schon nach wenigen Tagen erzählte ich den Kindern, was ich glaubte: daß Papa für immer weggegangen war. Daß er es nicht mehr ausgehalten hatte, zu leben. Ich sagte nicht, daß er nicht mehr leben wollte, sondern daß er es nicht mehr ausgehalten hatte. Ich glaube, daß das die Wahrheit war. Unsere älteste Tochter, die neun Jahre alt war, sagte: ‹Wenn Papa einfach so weggehen kann, dann kann ich ja auch einfach gehen.› Da versuchte ich den Kindern zu erklären, was es bedeutet, ‹manisch-depressiv› zu sein. Ich wollte, daß sie die Worte schon einmal gehört hatten und sie wiedererkennen konnten. Obwohl sie damals vielleicht nicht so viel verstanden, würden sie nach und nach mehr begreifen. Als ich das den Kindern erzählt hatte, fühlte ich, daß es an der Zeit war, mich an Fachleute zu wenden.

Durch das nächste Krankenhaus bekam ich Hilfe. In der Folge ging ich dann einmal in der Woche zusammmen mit den Kindern zu einer Psychologin. Meine älteste Tochter hatte psychische Probleme bekommen. Sie hatte das Gefühl, daß ihr die Haare vom Kopf verschwanden, und eine Zeitlang hatte sie Angst vor brennenden Kerzen. Die Psychologin testete sie und sagte, die Symptome seien ernst zu nehmen, aber trotz allem habe sie keine Angst um meine Tochter, weil sie ihre Phantasien zum Ausdruck bringen konnte. Sie sagte, es sei richtig gewesen, was ich den Kindern erzählt hätte, und daß Kinder leichter verdrängen können als wir Erwachsene, sie sortieren aus.

In den Wochen, nachdem mein Mann verschwunden war, brauchte ich alle Hilfe, die ich von Freunden und Nachbarn bekommen konnte, weil ich meine ganze Kraft auf die Kinder konzentrierte. Viele halfen mir auf phantastische Weise und sehr rücksichtsvoll. Morgens, wenn ich aufwachte, hatte zum Beispiel jemand für mich Schnee geschippt, und man schickte mir Grüße und Blumen. In der Zeit lernte ich, daß es wichtig ist, Menschen zu erlauben, Aufmerksamkeit und Fürsorge zu zeigen, und sie annehmen zu können. Aber ich mußte jeden einzelnen Tag neu angehen, um überleben zu können. Im nachhinein denkt man: Wie hast du das eigentlich durchgestanden? Die Trauer, die du fühlst, die du aber nicht rauslassen darfst, weil du nicht weißt, ob er tot ist. Ich empfand mit der Zeit eine große Wut, und nur die Gewißheit, daß es die Krankheit war, die ihn dazu getrieben hatte, ließ mich verstehen. Ich fragte mich: Ist es mutig, sich das Leben zu nehmen? Denn es gehört ja auch ein gewisser Mut und eine gewisse Stärke dazu. Ich hätte mich nie getraut. Und kann man einfach gehen und die Verantwortung den anderen überlassen?

Eines Morgens sagte meine älteste Tochter, sie hätte geträumt, Papa sei zurückgekommen. Sie war verwirrt und hatte Angst: ‹Weil, wenn er zurückkommt, dann kann er ja noch mal verschwinden›, sagte sie. Da spürte ich die Wut auf ihn so stark, daß ich dachte: Daß du uns das antun konntest! Wäre er damals zurückgekommen, ich hätte ihn nicht über die Schwelle gelassen.»

Wenn sie heute auf die erste Zeit zurückblickt, glaubt sie, daß es in erster Linie die Wut war, die ihr die Kraft gab, die Wartezeit zu überstehen.

Dann kam die Schneeschmelze. Die Unruhe wurde größer, bei ihr wie auch bei den Kindern. Sie dachten, jetzt würde Papa gefunden. Die Fragen der Kinder waren forschend und schmerzlich. Sie hatten das Bedürfnis, ihre Furcht und die inneren angsterfüllten Bilder umzusetzen: «Wie sieht Papa jetzt aus? Er muß ja ganz verrottet sein, wenn er so lange draußen gelegen hat? Und hat er gelitten, als er erfroren ist?»

«Ich ließ sie fragen und antwortete, so gut ich konnte. Versuchte Antworten zu finden, die ehrlich waren und die sie verstehen konnten. ‹Ja, Papa ist erfroren, aber er hat erst starke Tabletten genommen, die gemacht haben, daß er eingeschlafen ist und die eisige Kälte nicht gespürt hat. Ja, Papas Körper ist mitgenommen dadurch, daß er so lange draußen gelegen hat, aber weil es Winter war und kalt, ist er gar nicht so entstellt. Ja, Papa hatte sicher Angst, als er da allein in der Dunkelheit saß, aber ich glaube auch, daß er ruhig war, weil er sich entschieden hatte, für immer einzuschlafen.›

Die Woche vor der Beerdigung war angefüllt mit neuer Angst und Verzweiflung und neuen

Fragen: ‹Hast du auch Angst, Mama? Wirst du auch weinen in der Kirche?› – ‹Ja, ich habe auch Angst. Ja, ich werde auch weinen, aber ich bin auch froh, daß sie ihn gefunden haben, so daß wir ihm Lebwohl sagen können.›

Es hat uns allen dreien geholfen, daß wir die Gefühle miteinander teilen konnten. Das machte die Kinder ruhiger. Wir fühlten, daß das Leben erst weitergehen würde, wenn wir die Beerdigung hinter uns hatten. Erst dann könnten wir wieder anfangen, nach vorn zu sehen.

Erst in der Zeit danach, als es um mich herum stiller geworden war, konnte meine eigentliche Trauer hervorkommen. Im Alltag spürte ich, wie er mir fehlte, und damit entstanden für mich neue Schwierigkeiten. Ich merkte, daß ich mich in mich selbst zurückzog, wenn die neue Trauer kam. Ich dachte: Jetzt ist es vorbei. Die anderen wollen nicht mehr darüber sprechen. Ich kann jetzt nicht wieder anfangen, darüber zu reden. Ich isolierte mich, schloß die Freunde aus, dachte nach, daß mir der Kopf fast platzte. Ich fand weder am Tag noch in der Nacht Ruhe. Ich konnte nie ausruhen. Alptraumartige Bilder verfolgten mich. Ich hatte Angst ... brachte es nicht über mich, an die Stelle zu gehen, wo er gefunden worden war, hatte Angst vor dem Wald.

Ich dachte viel darüber nach, was für Gedanken er wohl gehabt hatte, als er da unter dem Baum saß, und irgendwie tat er mir leid. Er muß sich ja Gedanken gemacht haben, als er es tat. Das war es, wonach ich in den ersten Tagen, nachdem er verschwunden war, gesucht hatte. Ein paar Worte, ein Brief, wo stand, was er in den letzten Stunden gedacht hatte. Er muß ja an mich gedacht haben, an seine Kinder. Seine Kinder zu verlassen, darüber dachte ich am meisten nach. Ich werde nie verstehen, daß er imstande war, seine Kinder zu verlassen. Aber ich muß akzeptieren, daß er krank war und daß seine Tat eine Folge der Krankheit war.

Ich glaube nicht, daß ein Suizidgefährdeter sentimentale Gedanken hat. Ich glaube nicht, daß er an die Kinder dachte, die er verließ, an mich und das Zuhause, das wir uns aufgebaut hatten, als er ganz zum Schluß da unter dem Baum saß. Ich glaube nicht, daß es solche Gedanken sind, die in solchen Situationen gedacht werden. Es geht nicht darum, andere zu verlassen, sondern darum, sich selbst zu verlassen. Und ich empfinde es sehr stark als eine egoistische Tat, davon komme ich wohl nie weg. Und deshalb muß ich mir immer wieder sagen, daß er krank war.»

Vielleicht wird es leichter,
wenn man das Warum kennt

Wieder lese ich die Notizen vom Gespräch mit dem Psychiater. Ich erinnere mich, daß er von unserem Bedürfnis sprach, zu verstehen.

«Ich glaube, daß Menschen auch trotz – und nicht notwendigerweise wegen – etwas Suizid begehen.» Er sprach sehr bestimmt. Er war zu dieser Erkenntnis gelangt, nachdem er in seiner Praxis jahrelang Patientenschicksale verfolgt hatte. Nachdenklich fuhr er fort: «Immer eine Erklärung finden zu müssen, liegt stark in unserer Kultur begründet. Vielleicht ist es auch von Bedeutung, wie wir Psychologen und Psychiater die Denkstrukturen beeinflußt haben, daß nämlich alle menschlichen Gefühle, Reaktionen und Beziehungen unsere Handlungen und Persönlichkeitsmerkmale mitbestimmen.

Diese psychologisierende Tendenz ist sehr ausgeprägt, und ich glaube, daß wir heute leicht meinen, daß es für alles eine Erklärung geben muß, daß wir die Tendenz haben, Erklärungen zu geben, die im Inneren des Menschen begründet liegen. Manchmal haben wir jedoch keine Erklärung, aber um in uns selbst Ordnung zu schaffen, versuchen wir, eine zu finden, anstatt verzweifelt zu sein, ohne zu verstehen.»

Ich hatte das Gefühl, daß diese Worte auch als eine Art Trost gemeint waren für die vielen Zurückbleibenden, die mit Schuldgefühlen kämpfen.

Als ich die Notizen weglege, erinnere ich mich denn auch daran, daß er die Worte in ebendiesem Zusammenhang gesagt hatte, weil Suizid für die, die zurückbleiben, oft als Bestrafung erlebt wird. Die Umwelt fragt immer danach, warum sich jemand das Leben nimmt, und wir wissen, daß für die Hinterbliebenen das Kreisen der Gedanken um einen möglichen Beweggrund eine zusätzliche Belastung darstellen kann.

Es geht nicht darum, andere zu verlassen, sondern darum, sich selbst zu verlassen. Der Ehemann, der mir dann gegenübersaß, hätte diese Worte gesagt haben können.

Wir hatten uns in seiner Wohnung verabredet, um über die Tage vor und nach dem Suizid seiner Frau zu sprechen.

«Es ist schwierig für mich, nachmittags aus dem Haus zu gehen», sagte er. «Die Kinder sind noch so klein, daß ich sie ungern allein lasse.»

Er erzählte von den Wochen, in denen sich bei seiner Frau die Angst und die Depressionen entwickelt hatten:

«Sie hatte das Gefühl, in einem schwarzen, leeren Raum zu verschwinden, in dem wir sie nicht mehr erreichen konnten.»

Er sprach vom Kontakt zu denen, die ihr helfen sollten:

«Sie wurde zwischen mehreren Psychologen hin und her gereicht. Das Ganze hatte wenig Zusammenhang, und ich glaube nicht, daß die, die ihr helfen sollten, Einblick bekamen in das, womit sie kämpfte.»

Er erinnerte sich an ihre Angst vor psychiatrischen Institutionen:

«Sie sah sich selbst dasitzen als Langzeitpatientin. Sie ertrug den Gedanken an die Belastung nicht, die das ihrer Meinung nach für uns bedeutet hätte. Die Angst vor psychiatrischen Kliniken kam wohl hauptsächlich daher, daß ihr Vater sich in einer solchen Institution das Leben genommen hatte. Wahrscheinlich wäre sie sogar in dieselbe Klinik eingewiesen worden.»

Er erlebte noch einmal das angstvolle Warten und Suchen, als sie an jenem Abend nicht nach Hause kam:

«Erst fast zwei Tage nachdem sie verschwunden war, bekam ich die Nachricht, daß sie ertrunken aufgefunden worden war. Und das, obwohl ich sofort, nachdem sie ausblieb, Kontakt mit der Polizei und Krankenhäusern aufgenommen habe. Später erfuhr ich, daß die Polizei die Meldung von dem Todesfall fast einen ganzen Tag, bevor sie mich informierten, bekommen hatte.»

Er kritisierte Unverständnis, unklare Bestimmungen und menschliche Hilflosigkeit als eine unnötige Belastung für die Hinterbliebenen:

«Erst vier Tage nachdem sie gefunden worden war, konnte mir die Polizei ein paar Informationen geben. Da hatten sie den Obduktionsbericht erhalten, der bestätigte, daß sie ertrunken war und daß kein Grund zur Annahme bestehe, es könnte sich um ein Verbrechen handeln. Ich bekam ihre Sachen ausgehändigt, die man am Strand gefunden hatte, aber sie wollten mir nicht erzählen, *wo* sie sie gefunden hatten. Dazu hätten sie keine Befugnis, sagten sie.»

Der Mann blieb allein mit zwei kleinen Kindern und erhielt keine Hilfe von öffentlicher Seite, obwohl sie in der allerersten Zeit in einer verzweifelten Lage waren:

«Eine Woche nach ihrem Tod bekam ich akute rheumatische Schmerzen. Der Arzt sagte, es sei eine physische Reaktion auf den Schock. Ich hatte keine Kraft mehr, war vollkommen am Ende. Die Kinder waren so klein, daß sie permanente Betreuung brauchten, und die Schmerzen machten mich für viele Wochen fast bewegungsunfähig. Ich brauchte Hilfe mit den Kindern, aber der Antrag wurde abgelehnt. Zum Schluß weinte ich am Telefon. Da bekam ich für einen Tag eine Haushaltshilfe.»

Der Mann, der diese Geschichte erzählt, ist, was man eine starke Person nennen könnte. Gute Ausbildung, anspruchsvoller Job und gewohnt, in unserer immer komplizierter werdenden Gesellschaft schwierige Situationen zu meistern. Aber wie ergeht es Menschen, die nicht diese Übersicht und Kraft und gute Freunde haben wie er, um sich durchzusetzen?

Warum sind wir nicht viel offener für das, was uns die Zurückbleibenden erzählen können über Bedarf an Hilfe und notwendige Unterstützung nach einem solch tragischen Ereignis? Auch wenn viele von Fürsorge, Hilfsbereitschaft und großem menschlichen Verständnis berichten können, gibt es noch immer viel zu viele, denen mit Unverständnis begegnet wird. Der Zufall bestimmt, ob man in den ersten vom Schock geprägten Tagen in den Hilfsinstitutionen an jemanden gelangt, der Mitmenschlichkeit walten läßt, anstatt Regeln zu folgen, die solchen tragischen Ereignissen nicht angemessen sind. Und es gibt wichtige Erfahrungen und ungenutzte Energie für die Unterstützung, die die Zurückbleibenden brauchen, gerade bei denen, die dasselbe erlebt haben.

Der Mann, mit dem ich hier sprach, bestätigte den Wunsch vieler Hinterbliebener, nämlich den Ort zu sehen, an dem es geschehen war:

«Ich mußte dorthin. Ich glaube, ich hoffte, dort eine Art Klarheit zu finden, und ich hatte das Gefühl, ihr dort näher sein zu können.»

Nur durch Zufall erfuhr er, wo seine Frau sich das Leben genommen hatte:

«Die Polizei sagte, daß sie nicht die Befugnis habe, mir mitzuteilen, wo sie gefunden wurde, aber als der Polizist die Papiere durchblätterte, konnte ich kurz einen Blick auf ein Polaroidfoto werfen, das meine tote Frau am Ufer zeigte. Ich sah auch eine Kartenskizze, auf welcher der Ort, wo sie gefunden wurde, markiert war. Als ich aus dem Polizeibüro herauskam, zeichnete ich schnell auf, woran ich mich erinnern konnte, und fuhr zu der Stelle.

Es war bitter, am Ufer zu sitzen, wo meine Frau vier Tage vorher ins Wasser gegangen war, aber es war auch ein Trost, dort zu sein. Ich blieb vielleicht eine Stunde und sammelte noch ein paar Blumen, Herbstlaub und Steine am Rand des Strandes. Die Steine sind eine liebe Erinnerung geworden. Sowohl für die Kinder wie für mich sind es *Mamas Steine*.

Ich bin später noch einmal dort gewesen. Nach der Beerdigung fuhr ich wieder hin und legte Blumen von ihrem Sarg ans Ufer.»

«Wie erklären Sie sich selbst und den Kindern, daß sie so deprimiert wurde?»

«Ich glaube, ein Teil der Erklärung liegt in ihrer außergewöhnlich harten und schlimmen Kindheit. Das hat vieles in ihr zerstört. Sie verlor das Gefühl dafür, wie wichtig sie für andere Menschen war. Egal, wieviel sie den anderen von sich gab, sie hatte das Gefühl, nie etwas zurückzubekommen. Es war, als hätte sie nie gelernt, was eine Belohnung war. Sie hatte große Probleme gehabt, bevor wir uns kennenlernten, aber wir haben viele schöne und gute Jahre zusammen erlebt. Dann waren unsere Kinder aus dem anstrengendsten Kleinkindalter heraus, und sie fing eine Ausbildung an, die sie sich gewünscht hatte. Wir lebten in ganz annehmbaren finanziellen Verhältnissen, hatten ein schönes Zuhause, und wir liebten uns ... da entsteht in ihr eine unglaubliche Angst. Sie hat diese Angst selbst beschrieben als eine Art Gespenst aus der Vergangenheit, das ihr alle Hoffnung und jeden Glauben nahm. Als das passierte, gab es keine äußeren, greifbaren Dinge in unserem und ihrem Leben, die so traurig und unüberwindbar gewesen wären, daß sie eine Erklärung beinhalten können, warum sie daran dachte, sich das Leben zu nehmen. Aber sie spürte diesen leeren, schwarzen Raum um sich herum und hatte Angst, in die Psychiatrie zu müssen. Der Gedanke an das, was ihrem Vater geschehen war, quälte sie. Nach ihrem Tod habe ich oft daran gedacht, daß sie mehrfach von ihrer Angst sprach und meinte, so etwas könne vererbbar sein. Wir sprachen nie von einer Zwangseinweisung, aber nach ihrem Tod fand ich ihr Tagebuch. Darin schrieb sie von einem Ereignis, das mir nicht bekannt war. Einer der Psychologen, mit denen sie gesprochen hatte, versuchte sie zu überreden, sich in eine psychiatrische Klinik einweisen zu lassen. Als sie das ablehnte, wurde die Zwangseinweisung als eine Möglichkeit erwähnt. In ihrem Tagebuch schrieb meine Frau, daß sie darauf geantwortet habe: ‹Wenn Sie mir mit Zwangseinweisung drohen, dann gehe ich und werfe mich vor die nächste Straßenbahn.› Ich erfuhr also von diesem Vorfall erst nach ihrem Tod, aber auch mir gegenüber brachte sie klar zum Ausdruck, daß sie in einer Krise war und daran dachte, sich das Leben zu nehmen.

Ich kann mich erinnern, daß ich in dieser Zeit ständig darüber nachdachte, wie ich reagieren sollte. Ich denke, ganz im Innern weigert man sich, es zu glauben. Man weigert sich, zu glauben, daß es passieren kann. Aber das bedeutet nicht, daß wir ihre Verzweiflung und ihre Gedanken nicht ernst nahmen. Wir sprachen die ganze Zeit davon, welche Art von Hilfe sie sich wünschte und brauchte, um die Angst zu überwinden. Aber ich glaube, es ist eine Art Selbsterhaltungstrieb, der die nächsten Angehörigen denken läßt, daß es nicht zu einer Selbsttötung kommen wird. Denn wenn sie das wörtlich nehmen würden, dann würden auch sie völlig zusammenbrechen. Ich versuchte, als eine Art Stütze für sie und die Kinder zu funktionieren, und strengte mich deshalb sehr an, keinen oberflächlichen, aber einen munteren Tonfall zu pflegen, der vielleicht positiv auf sie wirken konnte. Das war es unter anderem, was mich die meiste Kraft kostete in diesen Wochen, und als sie sich das Leben nahm, kam es für mich so völlig überraschend, als hätten wir überhaupt nie darüber gesprochen.»

«Haben Sie nach ihrem Tod viel darüber nachgedacht, ob Sie sie besser hätten verstehen müssen?»

«Was hinterher mit am schlimmsten ist, ist, daß man allein dasitzt und sich die ganze Zeit fragt: ‹Was hätte ich tun sollen?› Und man kann sich unendlich tief in Selbstanklagen verstricken. Aber nach und nach bekommt man dann auch eine gewisse Übersicht darüber, was man getan hat oder nicht getan hat in der Zeit davor, und dann entdeckt man, daß es vielleicht gar nicht viel gab, was man hätte tun können. Die Fachleute sagen ja auch, wenn sich jemand entschieden hat, sich das Leben zu nehmen, kann niemand ihn daran hindern, es sei denn, er läßt ihn keine Sekunde aus den Augen.

Ich denke, ein Grund dafür, daß ich völlig unvorbereitet war, als es passierte, war, daß ich glaubte, sie hätte die schlimmste Angst überstanden. Am letzten Tag war sie viel fröhlicher und wirkte erleichtert. Ich fing an, mich darauf einzustellen, daß sie auf dem richtigen Weg sei. Wir hatten nette Verabredungen mit Freunden in den kommenden Tagen, und wir trafen eine wichtige

Entscheidung in Zusammenhang mit unseren Hüttenplänen. Deshalb war es dann ein furchtbarer Schock. Einer der Psychologen erzählte mir hinterher, daß es eine normale Reaktion ist für Menschen, die sich mit dem Gedanken tragen, sich das Leben zu nehmen, daß sie es als Befreiung erleben, als Erleichterung, wenn sie sich entschieden haben. Sie wirken oft froher als seit langem. Ich glaube, daß sie an jenem letzten Tag in dieser Stimmung war.»

«Hat sie Ihnen einen Brief oder etwas Ähnliches hinterlassen?»

«Eine Woche nach ihrem Tod fand ich einen Brief, der in einem ruhigen und wohlüberlegten Ton geschrieben war. Es war ein wunderschöner Brief, ein Liebesbrief. Darin teilte sie mir mit, daß sie sich entschieden hatte, und sie sagte Lebwohl.»

Eine Tochter erzählt

Die Frau war Mitte Dreißig. Sie hatte zwei Kinder, und diese waren der Grund, warum wir zusammensaßen. Nach meiner ersten Radiosendung hatte sie mir einen Brief geschrieben und dargelegt, wie sehr sie die Tabuisierung von Suizid beschäftige. Sie meinte, es sei wichtig, offen darüber zu sprechen, wie schwer es für die Zurückbleibenden ist, sehr kleinen Kindern die Wahrheit zu sagen. Sie hatte ihre Mutter verloren, die sich auf sehr dramatische Weise das Leben genommen hatte, um sicherzugehen, daß es auch gelang. Sie hatte sich vor einen fahrenden Zug geworfen. Die Tochter beschäftigte es nun, wie sie die Erinnerung an die Mutter pflegen sollte. Wie konnte man vom Tod der Mutter die Wahrheit berichten, ohne daß sich die Kinder an dramatischen und grausamen Details festhielten? Ihr graute vor den Fragen, die kommen würden, und wie viele andere Hinterbliebene hatte sie Angst davor, daß die Wahrheit die Kinder zutiefst beunruhigen könnte, daß das in ihrer Familie passieren konnte.

Darüber sprachen wir am Abend unserer ersten Begegnung. Selbstverständlich gab es keine klaren Antworten auf ihre Fragen, aber ich erwähnte die Worte des Psychiaters: «Eine offene Familie ist eine gute Familie.» Doch ich fühlte, wie so oft, wenn man sich der Wirklichkeit gegenübersieht, mit der Menschen fertig werden müssen, daß Worte häufig unzureichend sind.

«Das ist schön gesagt», meinte sie, «ich habe es schon früher gehört und denke oft daran.»

Ich fragte sie, wie sie als erwachsene Tochter den Suizid der Mutter erlebt hatte.

«Mutter war eine begabte Frau. Sie hatte eine gute Ausbildung, war aber Hausfrau. Erst nachdem wir Kinder groß waren, bekam sie ernsthafte psychische Probleme. Vielleicht ertrug sie es nicht, daß wir sie nicht mehr brauchten. Sie bekam eine Psychose, wurde eingewiesen und nur mit Medikamenten behandelt, keine Gesprächstherapie oder analytische Behandlung. Dann wurde sie entlassen. Die Ärzte sagten, sie sei gesund. Das war im Sommer. Die meisten von uns, die ihr am nächsten standen, waren im Urlaub, und ich glaube, sie erlebte eine totale Einsamkeit, alles um sie herum war zusammengebrochen. Die medikamentöse Behandlung hatte sie auch enorm reduziert. Sie hatte unter anderem fast die Sprache verloren.

Ich glaube, daß der Gedanke, sich das Leben zu nehmen, für Mutter recht nahelag. Heute weiß ich, daß sie ein paar Jahre vorher davon gesprochen hatte, sie könne es verstehen, wenn manche diese Lösung wählten. Wenn ich so über sie nachdenke, dann erinnere ich mich auch daran, daß sie einen Drang hatte, sich mit schweren, dunklen Gedanken zu beschäftigen, sowohl bei sich selbst als auch bei anderen.

Wir fanden Notizen von ihr, die belegten, daß die Tat genauestens geplant war. Sie wußte, was sie tat. Sie wollte sterben. Ich glaube nicht, daß sie krank war, als sie es tat, und das erlebe ich als einen Trost. Ich glaube, sie fühlte sich erleichtert, als sie die Entscheidung gefällt hatte. Sie wollte ihr Leben, so wie es geworden war, nicht mehr weiterleben.

Ich habe oft gedacht: Soll ich ihre Tat verurteilen oder verstehen? In meiner Umgebung gibt es viele, die Suizid verurteilen. Vielleicht aus der

Angst heraus, daß es sich innerhalb der Familie wiederholen könnte. Ich habe keine Angst vor der Erblichkeit, aber ich empfinde es als schlimm, daß andere erfahren, daß es passiert ist, denn ich empfinde Selbsttötung als moralisch verwerflich. Irgendwie habe ich das Gefühl, daß es ihr Angedenken beschmutzt, wenn die Leute erfahren, daß sie sich das Leben genommen hat.

Mutter hat uns keinen Brief hinterlassen, aber ich glaube nicht, daß sie Aggression empfunden hat, nur Resignation. Und ich glaube, sie ertrug den Gedanken an eine weitere psychiatrische Behandlung nicht. Ich glaube, sie hatte begriffen, daß eine langjährige schwere Behandlung sie erwartet hätte.

Als ich erfuhr, daß Mutter sich das Leben genommen hatte, rief ich einen Arzt an und sagte, ich brauche Hilfe. Ich wollte Gespräche mit einem Psychologen. Es gab so vieles, wonach ich fragen wollte. Ich hatte angenommen, daß es in meiner Situation eine Selbstverständlichkeit wäre, ein paar Therapiestunden zu bekommen, aber mein Arzt war anderer Meinung. Ich mußte ihn überreden, mir eine Überweisung fur ein paar Stunden Gesprächstherapie bei einem Psychologen auszustellen.

Erst beim Psychologen konnte ich weinen, und

in den ersten Stunden dort weinte ich einfach nur. Danach war ich in der Lage, die Fragen zu stellen, über die ich nachgrübelte und vor denen ich Angst hatte. Es war eine Erleichterung, mit ihm über das zu sprechen, was ich bei mir selbst für krank hielt. Heute weiß ich, daß meine Reaktionen so waren, wie sie bei anderen Zurückbleibenden auch sind, aber es war notwendig für mich, Hilfe zu bekommen, um das zu verstehen. Ich glaubte zum Beispiel, daß mein Bedürfnis, den Ort aufzusuchen, an dem Mutter sich das Leben genommen hatte, krankhaft war. ‹Das geht den meisten Menschen so. Gehen Sie ruhig hin, aber nicht allein.› So lautete der Rat des Psychologen. Es waren nicht viele Stunden Krisenhilfe, die ich bekam, aber es genügte mir. Nur kann ich immer noch die Angst spüren, auch wenn es mehrere Jahre her ist. Ich habe Angst davor, mit meinen Kindern darüber zu reden. Sie waren so klein, als es passierte. Ich spüre die Angst, wieder etwas zu verlieren. Kann es noch einmal passieren? Die Angst, daß meine Umgebung es gegen mich verwendet. Die Angst, daß Unbeteiligte danach fragen, wie Mutter starb.

Es ist mir eine unglaublich große Hilfe gewesen, mit einer meiner Schwestern zu sprechen. Wir haben über Mutter gesprochen und versuchten, sie zu verstehen. Gemeinsam haben wir Erinnerungen aus unserer eigenen Kindheit sortiert. Zwei Jahre lang nachdem Mutter sich das Leben genommen hatte, dachte ich jeden Tag daran, aber dann plötzlich war der Gedanke eines Tages weg. Nach und nach gab es längere Zeiträume, in denen der Gedanke mich losließ. Heute habe ich eine gewisse Ruhe gefunden.

Ich glaube, wenn ich mich dagegen wehre, daß Außenstehende erfahren, daß Mutter sich das Leben genommen hat, dann weil ich Angst habe, daß schlecht über sie geredet wird. Sie sollen sich nicht nur daran erinnern, daß sie sich das Leben genommen hat. Ich möchte Zeit haben, zu erzählen – zu erklären und es irgendwie abzurunden, damit sie sie nicht einfach verurteilen. Ich möchte gern mit Menschen über sie reden, die sie gern gehabt haben und die sie kannten. Es hat mir übrigens viel Kraft gegeben, daß ich mit meinem Mann habe darüber reden können.

Mutters Suizid hat bewirkt, daß ich aufmerksamer und bewußter lebe. Ich spüre bewußter, was ich von meinem Leben erwarte, und erlebe auch Beziehungen zu Menschen, die mir etwas bedeuten, bewußter. Ich finde, daß ich eine ernsthaftere Einstellung zu unserem Leben hier und jetzt bekommen habe. Ich kann auf materielle

Dinge gut verzichten und finde es wichtig, viel mit meinem Mann und den Kindern zusammenzusein. Und es ist mir wichtig geworden, mir selbst und meiner Familie mehr zu gönnen, großzügiger zu sein, auch mir selbst gegenüber. Mutters Suizid hat sowohl bei mir wie bei meinem Mann Spuren hinterlassen und uns verändert, und wir erlauben uns heute, mehr mit den Kindern zusammen zu unternehmen, zum Beispiel Reisen. Etwas, das uns gemeinsame Erlebnisse bringt.

Es wird heute mehr über Suizid geredet und geschrieben als früher, aber ich glaube, es ist wichtig, daß auch mehr über die Situation der Zurückbleibenden gesprochen wird. Ich habe es noch immer nicht fertiggebracht, meinen Kindern zu erzählen, wie Mutter starb. Es wird eine Erleichterung sein, wenn ich es erzählt habe, und ich werde betonen, wie furchtbar es für diejenigen ist, die zurückbleiben . . .»

Einige Zeit später lag eines Nachmittags ein Brief in meinem Briefkasten. Die erwachsene Tochter, deren Mutter sich vor einen fahrenden Zug geworfen hatte, schickte mir das Gedicht, das Halldis Moren Vesaas 1941 schrieb, nachdem sich die schwedische Lyrikerin Karin Boye im Alter von nur einundvierzig Jahren das Leben genommen hatte.

Im Begleitbrief schrieb sie:

«Es ist eigenartig, wie sprachlos man sich fühlt, verglichen mit einer Lyrikerin. Hier sitzt man Tag für Tag, Jahr für Jahr und versucht, seine Gedanken und Gefühle in Worte zu fassen. Und Halldis Moren Vesaas bringt es fertig, sie so zart und versöhnend zu sagen, in einem kleinen Gedicht von vier Strophen.

Wer sich das Leben nimmt, tut es mit einem endgültigen und brutalen Schrei, aber er kommt zu spät. Die Tür ist zugeschlagen, wenn wir herbeieilen, um zu helfen. Wir können nur leer schlucken und akzeptieren, versuchen zu verstehen – aber wir wollten so gern, hätten so gern – eine Hand ausgestreckt . . . ein wenig früher.»

Es liegt viel Trost in diesem Gedicht.

Karin Boye tot aufgefunden
Mai 1941

War da nicht eine einzige Hand,
die sich ausstreckte nach dir,
als der Boden unter deinen Füßen
ins Wanken geriet?
Jetzt stehen wir hier mit leeren Händen
und schauen auf eine verschlossene Tür.
Alle Wärme, die wir besitzen,
hätten wir dir anbieten sollen.
Wir hätten es früher tun sollen.

Die Einsame floh schließlich aus ihrer
    Einsamkeit.
Die Frierende ist erfroren.
Stand denn auf der Welt nicht ein einziger
    Mensch
deiner Seele so nah,
daß er dich schützen konnte mit seinem Feuer
gegen die Kälte? – Dein Tod gibt Antwort.
Du hast dich suchend umgesehen, bevor du
    gingst,
aber Feuer konntest du nirgends entdecken.

So viele treibt es jetzt in den Tod,
die nur nach Leben streben.
Du aber warst eine Todes-Freiwillige.
Du beugtest dich, müde und wund,
dem Tod und batest um Erlösung,
und jetzt hat er dir die Bitte erfüllt.
Ein «Danke» war wohl der letzte Hauch
    deiner Stimme,
als er dich sanft davontrug.

Wir wissen: wir sollen nicht trauern
deinetwegen. Du selbst hast gewählt.
Nur: jetzt wo dein Leben erloschen ist,
    spüren auch wir,
wie kalt es ist um uns herum. Gerade dich
wollten wir heut abend bei uns haben,
und frierend, einsam, zieht es uns
an das Feuer, das du entfacht hast.

                    Halldis Moren Vesaas

Kontaktadressen

Für Deutschland, Österreich und die Schweiz geben wir
nachfolgend zentrale Kontakt- und Informationsstellen an,
über die regionale und lokale Selbsthilfegruppen in Erfahrung gebracht werden können.

«Verwaiste Eltern in Deutschland» betreut und informiert
nicht nur Eltern, die ein Kind verloren haben, wie der Name
nahelegen könnte. Hier sind auch Kontaktadressen von An-
laufstellen und Selbsthilfegruppen für Angehörige und Zu-
rückgebliebene bei einem Suizid erhältlich.

Kontakt- und Informationsstelle
«Verwaiste Eltern in Deutschland»
Esplanade 15
20354 Hamburg
Tel. 040/342604 und 040/342371

Pauline und Helmut Schönauer
Carl Zwillinggasse 45/4
2304 Mödling, NÖ
Tel. 02236/44054

Team Selbsthilfe Zürich
Wilfriedstraße 7
Postfach 107
8032 Zürich
Tel. 01/252306